21世纪普通高等院校系列教材

基础会计学实验教程

JICHU KUAIJIXUE SHIYAN JIAOCHENG

（第四版）

主　编　范雪刚
副主编　张　云　陈雅丽

西南财经大学出版社
中国·成都

图书在版编目(CIP)数据

基础会计学实验教程/范雪刚主编.—4版.—成都:西南财经大学出版社,2021.11
ISBN 978-7-5504-4961-9

Ⅰ.①基… Ⅱ.①范… Ⅲ.①会计学—高等学校—教材 Ⅳ.①F230

中国版本图书馆CIP数据核字(2021)第132302号

基础会计学实验教程(第四版)

主　编:范雪刚
副主编:张　云　陈雅丽

策划编辑:李邓超
责任编辑:王青杰
封面设计:杨红鹰　张姗姗
责任印制:朱曼丽

出版发行	西南财经大学出版社(四川省成都市光华村街55号)
网　　址	http://cbs.swufe.edu.cn
电子邮件	bookcj@swufe.edu.cn
邮政编码	610074
电　　话	028-87353785
照　　排	四川胜翔数码印务设计有限公司
印　　刷	郫县犀浦印刷厂
成品尺寸	185mm×260mm
印　　张	9.5
字　　数	196千字
版　　次	2021年11月第4版
印　　次	2021年11月第1次印刷
印　　数	1—2000册
书　　号	ISBN 978-7-5504-4961-9
定　　价	29.80元

21世纪普通高等院校系列教材

编　委　会

General Foreword 总序

为推进中国高等教育事业可持续发展，经国务院批准，教育部、财政部启动实施了“高等学校本科教学质量与教学改革工程”（下面简称“本科质量工程”），《国家中长期教育改革和发展规划纲要（2010—2020）》也强调全面实施“高等学校本科教学质量与教学改革工程”的重要性。这是落实“把高等教育的工作重点放在提高质量上”的战略部署，是在新时期实施的一项意义重大的本科教学改革举措。“本科质量工程”以提高高等学校本科教学质量为目标，以推进改革和实现优质资源共享为手段，按照“分类指导、鼓励特色、重在改革”的原则，对推进课程建设、优化专业结构、改革培养模式、提高培养质量发挥了重要的作用。为满足本科层次经济类、管理类教学改革与发展的需求，培养具有国际视野、批判精神、创新意识和精湛业务能力的高素质应用型和复合型人才，迫切需要普通本科院校经管类学院开展深度合作，加强信息交流。在此背景下，我们协调和组织部分高等院校特别是四川的高校，通过定期召开普通本科院校经济管理学院院长联席会议，就学术前沿、教育教学改革、人才培养、学科建设、师资建设和社会科学研究等方面的问题进行广泛交流、研讨和合作。

为了切实推进“本科质量工程”，2008年的第一次联席会议将“精品课程、教材建设与资源共享”作为讨论、落实的重点。与会人员对普通本科的教材内容建设问题进行了深入探讨并认为，在高等教育进入大众化教育的新时期，各普通高校使用的教材与其分类人才培养模式脱节，除少数“985”高校定位于培养拔尖创新型和学术型人才外，大多数高校定位于培养复合型和应用型经管人才，而现有的经管类教材存在理论性较深、实践性不强、针对性不够等问题，需要编写一套满足复合型和应用型人才培养要求的高质量的普通本科教材，以促进人才培养和课程体系的合理构建，推动教学内容和教学方法的改革创新，形成指向明确、定位清晰和特色鲜明的课程体系，奋力推进经济管理类高等教育质量的稳步提高。与会人员一致认为，共同打造符合高教改革潮流、深刻把握普通本科教育内涵特征、满足教学需求的系列教材，非常必要。鉴于此，本编委会与西南财经大学出版社合作，组织了30余所普通本科院校的经济学类、管理学类的学院教师共同编写本系列教材。

本系列教材编写的指导思想是：在适度的基础知识与理论体系覆盖下，针对普通本科院校学生的特点，夯实基础，强化实训。编写时，一是注重教材的科学性和前沿性，二是注重教材的基础性，三是注重教材的实践性，力争使本系列教材做到"教师易教、学生乐学、方便实用"。

本系列教材以立体化、系列化和精品化为特色。一是除纸质教材外，还配备课件、视频、案例、习题等数字化教学资源；二是力争做到"基础课横向广覆盖，专业课纵向成系统"；三是力争把每种教材都打造成精品，让多数教材能成为省级精品课教材、部分教材成为国家级精品课教材。

为了编好本系列教材，我们在西南财经大学出版社的协调下，经过多次磋商和讨论，成立了首届编委会。首届编委会主任委员由西华大学管理学院院长章道云教授担任。2017年，由于相关学院院长职务变动，编委会的构成也做了相应调整。调整后的编委会由西南财经大学副校长张邦富教授任名誉主任，蒋远胜教授任主任，李成文教授、张华教授、周佩教授、赵鹏程教授、董洪清教授、傅江景教授任副主任，20余所院校经济管理及相关学院院长或教授任编委会委员。

在编委会的组织、协调下，该系列教材由各院校具有丰富教学经验并有教授或副教授职称的教师担任主编，由各书主编拟订大纲，经编委会审核后再编写。同时，每一种教材均吸收多所院校的教师参加编写，以集众家之长。自2008年启动以来，经过近十年的打造，该系列现已出版公共基础、工商管理、财务与会计、旅游管理、电子商务、国际商务、专业实训、金融经济、综合类九大系列近百种教材。该系列教材出版后，社会反响好，师生认可度高。截至2017年年底，已有30多种图书获评四川省"十二五"规划教材，多个品种成为省级精品课程教材，教材在西南地区甚至全国普通高校的影响力也在不断增强。

当前，中国特色社会主义进入了新时代，我们要建设教育强国，习近平总书记在党的十九大报告中对高等教育提出明确要求，加快一流大学和一流学科（简称"双一流"）建设，实现高等教育内涵式发展。"双一流"建设的核心是提升学校自身的办学水平，关键是提高人才培养质量和学科建设水平，同时办学声誉得到国际社会的认可。为此，高等学校要更新教育思想观念，遵循教育教学规律，坚持内涵式发展，进一步深化本科人才培养模式改革。而教材是体现高校教学内容和方法的知识载体，是高等院校教学中最基本的工具，也是高校人才培养的基础，因此，高校必须加强教材建设。

为适应“双一流”建设的需要，全面提升高校人才培养质量，构建学术型人才和应用型人才分类、通识教育和专业教育结合的培养制度，满足普通本科院校教师和学生需求，需要对已出版的教材进行升级换代。一是结合教学需要对现有教材进行精心打造。具体而言，贯穿厚基础、重双创的理念，突出创新性、应用性、操作性的特色，反映新知识、新技术和新成果的学科前沿；利用数字技术平台，加快数字化教材建设，打造立体化的优质教学资源库，嵌入可供学生自主学习和个性化学习的网络资源模块。二是根据学科发展的需要，不断补充新的教材，特别是规划旅游类、实训类、应用型教材。

我们希望，通过编委会、主编和编写人员及使用教材的师生的共同努力，将此系列教材打造成适应新时期普通本科院校需要的高质量教材。在此，我们对各经济管理学院领导的大力支持、各位作者的智力成果以及西南财经大学出版社员工的辛勤劳动表示衷心的感谢！

21 世纪普通高等院校系列教材编委会

2018 年 5 月

Foreword 第四版前言

随着我国社会主义市场经济的深入发展，各行各业将需要大量的掌握会计基本理论和基本技能的应用型专门人才。会计专业学生需要通过一定的实践操作训练才能更好地理解和掌握会计理论和核算方法。为了提高对会计工作的感性认识，帮助会计专业学生在实际从事会计工作之前接触一定的会计实务，我们编写了《基础会计学实验教程》(第四版)。

本教程以财政部颁布的《企业会计准则》(2021 年版)、《企业会计准则——应用指南》(2021 年版) 为依据，同时结合了新修订的有关所得税、增值税等现行法规的要求，实验内容充分体现了应用型人才培养的目标。教程中所涉及单据力求高度仿真，当然，模拟公司系虚构。

在本教程编写过程中，我们参考、吸收了相关著作、教材的观点和资料，在此，谨向这些文献资料的作者和出版单位表示衷心的感谢！本教程的出版得到了西南财经大学出版社的大力帮助和支持，在此一并致以诚挚的谢意！

本教程是对内江师范学院多年来进行会计实验教学改革的成果的总结，已多次修订，不断完善提高，也得到了广大读者的认可。参与编写工作的教师均来自教学科研和实际工作的第一线，教学与实务经验比较丰富。本教程编写分工如下：范雪刚撰写第一章、第六章；陈雅丽撰写第二章、第五章；张云撰写第三章、第四章；最后由范雪刚总纂定稿。

本教程适合会计学、财务管理、工商管理等专业的本专科学生使用，同时也可以作为其他人自学会计学原理等课程的配套实验教程。由于仿真技术限制和编者水平有限，本教程难免有仿真效果不佳和疏漏之处，恳请广大读者批评指正。

编者

2021 年 7 月

目录

Contents

第一章　实验导论

本实验课程需在学习基础会计学理论知识的基础上开设，主要进行经济业务事项手工处理的全程模拟，包括原始凭证的填制与审核、记账凭证的填制与审核、会计账簿的登记与结账、财务报表的编制等。通过实验，学生将所学的会计基本原理、基本方法用于实践操作中，不仅可以提高对会计实务处理的感性认识与具体操作能力，而且可以增强对会计理论知识的理解，为今后从事会计工作打下坚实的基础。

一、实验的基本要求和主要内容

（一）实验的基本要求

本课程通过实验，培养学生运用会计基本方法处理实际问题的能力，具体要求如下：

（1）根据提供的模拟公司发生的交易事项，掌握常用原始凭证的填制方法，并能对各种原始凭证的真实性、合法性进行审核。

（2）根据提供的模拟公司发生的交易事项及有关原始凭证编制记账凭证，将相应的原始凭证作为记账凭证的附件，对记账凭证的正确性、合规性进行审核。

（3）根据提供的模拟公司期初会计资料，开设现金日记账、银行存款日记账及有关明细分类账，登记账户的期初余额，并能根据交易事项的发生情况增设相应账户。

（4）根据记账凭证登记现金日记账、银行存款日记账及有关明细分类账，熟悉和掌握日记账、明细账的登记方法。

（5）根据提供的模拟公司期初会计资料，开设总分类账，登记账户的期初余额，并能根据交易事项的发生情况增设相应账户。

（6）根据记账凭证编制科目汇总表，根据科目汇总表登记总分类账，熟悉和掌握科目汇总表会计核算形式。

（7）进行期末结账，编制总分类账户本期发生额及余额试算平衡表，将日记账、明细账分别与总账进行核对，掌握对账及错账更正方法。

（8）根据月末总分类账和明细分类账等资料编制资产负债表和利润表，掌握会计报表的编制方法。

（二）实验的主要内容

基础会计学实验内容的设计，主要涉及原始凭证的填制、记账凭证的填制、会计账簿的登记和会计报表编制四个模块。其具体包括：①训练学生填制和审核原始凭证的能力；②编制记账凭证的能力；③正确开设和登记日记账、明细分类账和总分类账的能力；④进行期末结账和错账更正的能力；⑤编制会计报表的能力。本实验教程在各单项模块训练的基础上，还提供了一项综合实验，训练学生较为完整、系统的会计核算思路，以提高其会计核算技能。

1. 原始凭证的填制和审核

本课程通过实验，使学生了解各种交易事项的发生及应该填制或取得的原始凭证，使学生了解原始凭证的基本格式和主要内容，掌握企业日常业务中常见原始凭证的填制方法和审核方法。

2. 记账凭证的填制和审核

本课程通过实验，使学生熟悉复式记账凭证的基本格式和主要内容，掌握收款凭证、付款凭证和转账凭证的填制与审核。

3. 会计账簿的登记

本课程通过实验，使学生熟悉会计账簿的基本格式和主要内容，掌握日记账和分类账的开设与登记，掌握总分类账与明细分类账的平行登记，熟悉结账的基本程序与方法。

4. 会计报表的编制

本课程通过实验，使学生掌握资产负债表和利润表的编制方法。

二、实验的实施程序

（一）准备阶段

（1）指导老师讲解实验的目的、要求及操作指南。

（2）指导老师讲解实验的有关资料、操作方法、操作要领。

（3）指导老师讲解实验的步骤、成绩考核办法。

（二）操作阶段

（1）按要求完成各实验项目。

（2）按步骤完成综合实验。

（三）报告阶段

（1）对所填制的原始凭证、记账凭证、登记的账簿及编制的报表进行整理，装订成册。

（2）对实验情况进行总结，写出实验报告。

三、实验完成方式

（1）单项实验个人完成。

（2）综合实验可分小组完成，小组可设 4 ~5 人，分别完成编制记账凭证、登记日记账和明细分类账，编制科目汇总表并登记总账，编制试算平衡表和会计报表。

四、实验评分标准

实验采用百分制评分。建议分值分配如下：

（1）态度端正，实验认真，占 15%。

（2）操作规范，占 15%。

（3）过程及结果正确，占 50%。

（4）报告写作严谨，占 20%。

第二章　原始凭证填制与审核实验

一、实验目的

本课程通过实验，使学生明确原始凭证应具备的基本要素，掌握原始凭证的填制和审核方法。

二、实验要求

（1）了解和掌握各种常见原始凭证的格式、记载内容。
（2）掌握各种原始凭证的填制方法。
（3）掌握原始凭证的审核内容及审核后的处理。

三、操作指南

（1）根据经济业务填制有关原始凭证。
（2）说明各项经济业务分别应填制何种原始凭证，并且审核原始凭证。
（3）说明各项经济业务中会计凭证传递的程序。

四、实验讲解与示范

（一）原始凭证的基本内容

原始凭证是在经济业务发生时直接取得或填制的，用以证明经济业务发生或完成情况，明确经济责任，具有法律效力并作为记账原始依据的证明文件。原始凭证必须具备以下几个方面的基本内容：

（1）原始凭证的名称。

（2）填制凭证的日期及编号。

（3）接受原始凭证的单位名称。

（4）经济业务简要内容。

（5）经济业务的数量、计量单位、单价和金额。

（6）填制凭证单位的名称和有关人员的签章。

（二）原始凭证的填制要求

1. 记录真实

原始凭证必须严格认真地按照各项经济业务的实际发生和完成情况进行填写，凭证上记载的日期、经济业务的内容、所有的数据都必须真实可靠，与实际情况相符合。原始凭证记载的各项内容均不得涂改，发现凭证填写有错误时，应当由开出单位重开或者更正，并在更正处加盖开出单位的公章或者有关部门的专用章。

2. 手续完备

从外单位取得的原始凭证，必须盖有填制单位的公章或专用章；从个人取得的原始凭证，必须有填制人员的签名或盖章；对外开出的原始凭证必须加盖本单位的公章或专用章；单位自制的原始凭证必须有经办业务的部门和人员签名或盖章。

3. 内容完整

原始凭证所要求填列的项目必须逐项填写齐全，不得省略和遗漏。年、月、日要按照填制原始凭证的实际日期填写；名称要写全，不能简化；品名或用途要填写明确，不能含糊不清；有关人员的签章必须齐全。

4. 书写规范

各种原始凭证的书写要用蓝黑墨水，文字要简练，字迹要清晰、工整，易于辨认，不得使用未经国务院批准的简化字。

（1）阿拉伯数字应当逐个写清楚，不得连写，在数字前面应当填入币种符号，币种符号与阿拉伯数字之间不得留有空白；凡阿拉伯数字前面写有币种符号的，数字后面不再写货币单位；属于套写的原始凭证，一定要写透，不要上面清楚，下面模糊。

（2）所有以“元”为单位的阿拉伯数字，除表示单价等情况外，一律填写到“角、分”；无“角、分”的，“角”位和“分”位可写“00”，或者符号“—”；

有“角”无“分”的，“分”位应当写“0”，不得用符号“—”代替。

（3）汉字大写数字金额，如零、壹、贰、叁、肆、伍、陆、柒、捌、玖、拾、佰、仟、万、亿等，一律用正楷或者行书体书写，不得用0、一、二、三、四、五、六、七、八、九、十等简化字代替，不得随意自造简化字。大写金额数字到“元”或“角”为止的，在“元”或“角”字之后应当填入“整”或“正”字；大写金额数字到“分”的，“分”字后面不填入“整”或“正”字。

（4）大写金额数字前未印有货币名称的，应当加填货币名称，货币名称与金额数字之间不得留有空白。

（5）当阿拉伯数字中间有“0”时，汉字大写金额要写“零”字；阿拉伯数字金额中间连续有几个“0”时，汉字大写金额中只写一个“零”字；阿拉伯数字“元”位是“0”，或者数字中间连续有几个“0”，“元”位也是“0”但“角”位不是“0”时，汉字大写金额可以只写一个“零”字，也可以不写“零”字。例如，人民币9 800.60元，可以写成“人民币玖仟捌佰元零陆角整”，也可以写成“人民币玖仟捌佰元陆角整”。

（6）票据的出票日期必须使用中文大写。为防止变造票据的出票日期，在填写月、日时，月为1、2和10的，日为1~9和10、20和30的，应在其前加“零”；日为11~19的，应在其前面加“壹”。比如，2月12日，应写成：零贰月壹拾贰日。10月20日，应写成：零壹拾月零贰拾日。这里票据是指汇票、本票和支票，其他不需要大写。讲解时注意手工开票与实际工作中电脑开票的细微差别。

5. 填制及时

每笔经济业务发生或完成后，经办业务的有关部门和人员必须及时填制或取得原始凭证，并按规定的程序及时送交财会部门。

（三）原始凭证的审核

1. 合规性审核

原始凭证的合规性审核是指审查原始的填制是否符合规定的要求。审核的内容主要包括原始凭证格式所规定的内容是否清楚地填写齐全，数字、金额计算是否正确，大小写金额是否相符；办理凭证的手续是否完备，有无违反审批权限等。对于外来原始凭证，还应注意审核接受凭证的单位是否填写正确，是否有填制单位的签章。

2. 合法性审核

原始凭证的合法性审核是指审查发生的经济业务是否符合国家的政策、法令、制度和计划的规定。审核的主要内容包括：①凭证所记录的内容与经济业务的实际情况是否相符；②有无涂改、刮擦、挖补等现象；③经济活动的内容是否符合规定的开支标准；④是否履行了规定的手续；⑤是否符合预算、计划的要求；⑥是否符合国家的政策、法令、制度等的规定。

经审核的原始凭证，应根据不同情况进行处理：

（1）对于完全符合要求的原始凭证，应及时编制记账凭证并据以登记有关账簿。

（2）对不真实、不合法的原始凭证，不予受理。对弄虚作假、严重违法的原始凭证，在不予受理的同时，应当予以扣留，并及时向单位领导人报告，请求查明原因，追究当事人的责任。

（3）对记载不准确、计算有错误、不完整的原始凭证，应予以退回，并要求经办人员按照国家统一的规定进行更正、补充。

（四）实验示范

翔宏机床有限责任公司2020年5月发生的部分交易、事项及其原始凭证如下：

1. 2020年5月5日，收到向前进机械有限公司购进甲材料2 000千克，单价40元；乙材料3 000千克，单价15元，材料已验收入库，款项尚未支付（见表2－1）。

表2－1　材料入库单

供货单位：前进机械有限公司　　　　凭证编号：5－06

收料日期：2020年5月5日　　　　收料仓库：1号仓库

材料类别	材料编号	材料名称及规格	计量单位	数量		金额			
				应收	实收	单价	买价	运杂费	合计
		甲材料	千克	2 000	2 000	40	80 000		80 000
		乙材料	千克	3 000	3 000	15	45 000		45 000
备注：						合 计			125 000

②记账联

采购员：王刚　　　　仓库验收：李彤

2. 2020年5月12日，销售甲产品500台给远达机床贸易公司，单价320元，甲产品增值税税率为13%，价税款暂欠（见表2－2）。

表2－2　××增值税专用发票　　№ 0394688

此联不做报销、扣税凭证使用　　开票日期：2020年5月12日

<table>
<tr><td>购货单位</td><td colspan="5">名称：远达机床贸易公司
纳税人识别号：（略）
地 址、电 话：（略）
开户行及账号：（略）</td><td>密码区</td><td colspan="2">（略）</td></tr>
<tr><td colspan="2">货物或应税劳务名称
甲产品
合计</td><td>规格型号</td><td>单位
台</td><td>数量
500</td><td>单价
320</td><td>金额
160 000
160 000</td><td>税率
13%</td><td>税额
20 800
20 800</td></tr>
<tr><td colspan="2">价税合计（大写）</td><td colspan="7">壹拾捌万零捌佰元整　　（小写）￥180 800.00</td></tr>
<tr><td>销货单位</td><td colspan="5">名　　称：翔宏机床有限责任公司
纳税人识别号：（略）
地 址、电 话：（略）
开户行及账号：工行乐大市分行 2307484103128525012</td><td>备注</td><td colspan="2"></td></tr>
</table>

第一联：记账联　销货方记账凭证

收款人：　　　复核：刘梅　　　开票人：张丹　　　销货单位：（章）

3. 2020年5月15日，签发现金支票，提取现金180 000元，备发工资（见表2－3）。

表2－3　现金支票

<table>
<tr><td>
中国工商银行
现金支票存根（川）
B/2 B/2 12570072
附加信息＿＿＿＿＿＿
＿＿＿＿＿＿＿＿＿＿
＿＿＿＿＿＿＿＿＿＿
出票日期 2020年5月15日
收款人：本单位
金　额：180 000.00
用　途：发工资
单位主管：张海　会计：王强
</td>
<td>本支票付款期限十天</td>
<td>
中国工商银行 现金支票（川）　四川 B/2 B/2 12570072
出票日期（大写）贰零贰零年伍月壹拾伍日　付款行名称：工行乐大市分行
收款人：翔宏机床有限责任公司　出票人账号：2307484103128525012
<table>
<tr><td rowspan="2">人民币
（大写）壹拾捌万元整</td><td>亿</td><td>千</td><td>百</td><td>十</td><td>万</td><td>千</td><td>百</td><td>十</td><td>元</td><td>角</td><td>分</td></tr>
<tr><td></td><td></td><td>¥</td><td>1</td><td>8</td><td>0</td><td>0</td><td>0</td><td>0</td><td>0</td><td>0</td></tr>
</table>
用途　工资款
上列款项请从我账户内支付
出票人签章　复核　王红　记账　丁阳
</td></tr>
</table>

五、实验资料

宏达机床有限责任公司为增值税一般纳税人，开户银行为工行甜城市西林支行，账号为860102280016336。2020年6月，公司发生如下经济业务，要求填制相关的原始凭证：

1. 2020年6月2日，签发现金支票一张，提取备用金50 000元（见表2－4）。

表2－4　现金支票

<table>
<tr><td>
中国工商银行
现金支票存根（川）
B/2 B/2 12460027
附加信息＿＿＿＿＿＿
＿＿＿＿＿＿＿＿＿＿
＿＿＿＿＿＿＿＿＿＿
出票日期　年　月　日
收款人：
金　额：
用　途：
单位主管：　会计：
</td>
<td>本支票付款期限十天</td>
<td>
中国工商银行 现金支票（川）　四川 B/2 B/2 12460027
出票日期（大写）　年　月　日　付款行名称：
收款人：　出票人账号：
<table>
<tr><td rowspan="2">人民币
（大写）</td><td>亿</td><td>千</td><td>百</td><td>十</td><td>万</td><td>千</td><td>百</td><td>十</td><td>元</td><td>角</td><td>分</td></tr>
<tr><td></td><td></td><td></td><td></td><td></td><td></td><td></td><td></td><td></td><td></td><td></td></tr>
</table>
用途＿＿＿＿
上列款项请从我账户内支付
出票人签章　复核　记账
</td></tr>
</table>

2. 2020年6月8日，甜城宏图贸易公司购买甲产品150台，每台售价240元（每台成本150元），合计36 000元；乙产品100台，每台160元（每台成本70元），合计16 000元；两种产品增值税税率均为13%，价税款均未收到，已办理托收承付手续（电划）。表2-5、表2-6和表2-7分别为增值税专用发票、产品出库单和托收凭证。

表2-5 ××增值税专用发票

№ 0596872

此联不做报销、扣税凭证使用　　开票日期：　　年　月　日

购货单位	名称： 纳税人识别号：（略） 地 址、电 话：（略） 开户行及账号：（略）				密码区	（略）		
货物或应税劳务名称	规格型号	单位	数量	单价	金额	税率	税额	
价税合计（大写）	（小写）							
销货单位	名　　称： 纳税人识别号：（略） 地 址、电 话：（略） 开户行及账号：（略）				备注			

第一联：记账联　销货方记账凭证

收款人：　　复核：　　开票人：　　销货单位：（章）

表2-6 产品出库单

购货单位：　　年　月　日　　№ 6-04

品名	规格	单位	数量	单价	金额								
					百	十	万	千	百	十	元	角	分
合　计													

②记账联

经办人：　　仓库保管：

表 2－7　托收凭证（受理回单）　　1

委托日期　　　　年　　月　　日

<table>
<tr><td colspan="2">业务类型</td><td colspan="16">委托收款（□邮划、□电划）　　托收承付（□邮划、□电划）</td></tr>
<tr><td rowspan="3">付款人</td><td>全　称</td><td colspan="4"></td><td rowspan="3">收款人</td><td>全　称</td><td colspan="10"></td></tr>
<tr><td>账　号</td><td colspan="4"></td><td>账　号</td><td colspan="10"></td></tr>
<tr><td>开户银行</td><td colspan="4"></td><td>开户银行</td><td colspan="10"></td></tr>
<tr><td rowspan="2">金额</td><td colspan="6" rowspan="2">人民币（大写）</td><td>亿</td><td>千</td><td>百</td><td>十</td><td>万</td><td>千</td><td>百</td><td>十</td><td>元</td><td>角</td><td>分</td></tr>
<tr><td></td><td></td><td></td><td></td><td></td><td></td><td></td><td></td><td></td><td></td><td></td></tr>
<tr><td colspan="2">款项内容</td><td colspan="2">（略）</td><td colspan="2">托收凭据名称</td><td colspan="2">（略）</td><td colspan="3">附寄单证张数</td><td colspan="7">（略）</td></tr>
<tr><td colspan="2">商品发运情况</td><td colspan="3">已发运</td><td colspan="3">合同号码名称</td><td colspan="10">（略）</td></tr>
<tr><td colspan="4">备注：

复核　　记账</td><td colspan="8">款项收妥日期

年　　月　　日</td><td colspan="6">收款人开户银行签章
年　　月　　日</td></tr>
</table>

此联是收款人开户银行给收款人的受理回单

3. 2020 年 6 月 9 日，采购员王红预借差旅费 3 200 元，以现金支付。借款单见表 2－8。

表 2－8　借款单

年　　月　　日　　　　　　顺序第　　号

<table>
<tr><td colspan="2">借款单位：</td><td>借款人：</td><td>注意事项</td></tr>
<tr><td colspan="3">借款金额（大写）：　　　　　　　　　¥</td><td rowspan="3"></td></tr>
<tr><td>借款事由</td><td>单位负责人（盖章）</td><td>报销事项</td></tr>
<tr><td></td><td></td><td>核销金额________
交回金额________
补付金额________</td></tr>
</table>

会计：　　　　　　　　　　出纳：　　　　　　　　　　领款人：

4. 2020 年 6 月 12 日，转账支付原欠本市泰达机械有限公司材料价税款58 000 元。表 2－9 和表 2－10 分别是转账支票和进账单（回单）。

表 2－9　转账支票

中国工商银行 转账支票存根（川） B/2 B/2 234000365 附加信息	本支票付款期限十天	中国工商银行 转账支票（川）　　四川 B/2 B/2 234000365 出票日期（大写）　年　月　日　付款行名称： 收款人：　出票人账号：
出票日期　年　月　日		
收款人：		
金　额：		用途 上列款项请从我账户内支付
用　途：		
单位主管：　会计：		出票人签章　　复核　　记账

人民币 （大写）	亿	千	百	十	万	千	百	十	元	角	分

表 2－10　中国工商银行进账单（回单）

年　月　日

出票人	全　称		收款人	全　称	
	账　号			账　号	（略）
	开户银行			开户银行	（略）

金额	人民币 （大写）	亿	千	百	十	万	千	百	十	元	角	分

票据种类	（略）	票据张数	（略）	开户银行签章
票据号码	（略）			
复核　记账				

此联是开户银行交给出票人的回单

5．2020 年 6 月 17 日，一车间完工并入库甲产品 250 台，单位生产成本 150 元，乙产品 300 台，单位生产成本 70 元。产品入库单见表 2－11。

表 2－11　产品入库单

交货单位：　　　　年　月　日　　　　№ 6－03

品名	规格	单位	数量	单价	金额								
					百	十	万	千	百	十	元	角	分
合　计													

③ 记账联

经办人：　　　　　　　　仓库保管：

6. 2020年6月21日，向东桐机械有限公司购进丙材料500千克，单价100元，计货款50 000元，增值税税额6 500元，开出三个月期商业承兑汇票抵付（见表2-12）。

表2-12　商业承兑汇票　　2

签发日期（大写）：　　　年　　月　　日

<table>
<tr><td rowspan="3">收款人</td><td>全　称</td><td></td><td rowspan="3">付款人</td><td>全　称</td><td colspan="11"></td></tr>
<tr><td>账　号</td><td>（略）</td><td>账　号</td><td colspan="11"></td></tr>
<tr><td>开户银行</td><td>（略）</td><td>开户银行</td><td colspan="11"></td></tr>
<tr><td rowspan="2">汇票金额</td><td colspan="4" rowspan="2">人民币（大写）</td><td>亿</td><td>千</td><td>百</td><td>十</td><td>万</td><td>千</td><td>百</td><td>十</td><td>元</td><td>角</td><td>分</td></tr>
<tr><td></td><td></td><td></td><td></td><td></td><td></td><td></td><td></td><td></td><td></td><td></td></tr>
<tr><td>汇票到期日</td><td colspan="2"></td><td colspan="2">合同号码</td><td colspan="11">（略）</td></tr>
<tr><td colspan="4">本汇票已经本单位承兑，到期日无条件支付票款。
此致

收款人　　　　　　　　付款人</td><td colspan="12">汇票签发人盖章

年　　月　　日</td></tr>
</table>

7. 2020年6月25日，一车间从1号仓库领用材料一批，其中生产甲产品领用丙材料1 000千克，单价100元；生产乙产品领用丁材料800千克，单价20元。领料单见表2-13。

表2-13　领料单

领料单位：　　　　　　　　　　　　　　　　　　凭证编号：6-09

发料日期：　　年　月　日　　　　　　　　　　　发料仓库：

<table>
<tr><td rowspan="2">材料类别</td><td rowspan="2">材料编号</td><td rowspan="2">材料名称及规格</td><td rowspan="2">计量单位</td><td colspan="2">数量</td><td colspan="2">金额</td><td rowspan="2">用　途</td></tr>
<tr><td>请领</td><td>实发</td><td>单价</td><td>金额</td></tr>
<tr><td></td><td></td><td></td><td></td><td></td><td></td><td></td><td></td><td></td></tr>
<tr><td></td><td></td><td></td><td></td><td></td><td></td><td></td><td></td><td></td></tr>
<tr><td colspan="7">合　计</td><td></td><td></td></tr>
</table>

②记账联

领料：　　　　　　　　　　　　　　　　　　　　仓库发料：

六、实验报告

（1）实验内容。

（2）实验中的问题及解决方法。

（3）实验体会及建议。

第三章　记账凭证填制与审核实验

一、实验目的

（1）本课程通过实验使学生了解在不同的交易或事项中应当填制或取得何种原始凭证。

（2）掌握各种业务记账凭证的填制方法。

二、实验要求

（1）根据各项经济业务的原始凭证，分别填制专用记账凭证和通用记账凭证。

（2）将编制的记账凭证及所附原始凭证装订成册。

三、操作指南

（1）填制记账凭证前先熟悉原始凭证的相关内容。

（2）根据原始凭证能正确选用记账凭证样式（种类）。

（3）复习填制记账凭证的基本要求，能正确填制专用记账凭证或通用记账凭证。

四、实验讲解与示范

（一）记账凭证的基本内容

记账凭证是由会计人员根据审核无误原始凭证或原始凭证汇总表填制的，其主要作用是登记账簿。作为用来确定经济业务应借、应贷会计科目和金额的记账凭证，其应具备以下一些共同的基本内容：

（1）记账凭证的名称。

（2）记账凭证的填制日期和编号。

（3）经济业务的内容摘要。

（4）记账符号、账户（含一级、二级或明细账户）名称和金额。

（5）记账标记。

（6）所附原始凭证的张数。

（7）会计主管、记账、审核和填制人员的签章；收付款凭证还要有出纳人员的签章。

（二）记账凭证的填制及要求

1. 记账凭证的填制依据

记账凭证是进行会计处理的直接依据，应根据审核合格的原始凭证或原始凭证汇总表进行填制。对于有些无法取得原始凭证的经济业务，如错账更正以及结账等，则应由会计人员根据有关账簿资料来编制记账凭证。

2. 记账凭证的填制要求

记账凭证的填制除了做到“真实可靠、内容完整、填写及时、书写规范”外，还必须遵循以下基本要求：

（1）确定所用记账凭证的种类。任何单位，记账凭证的格式一经选定不宜随意变更，以免造成编号、装订、保管等方面的混乱和不便。

（2）各种记账凭证应当每月连续编号。记账凭证的编号一般以月为单位顺序编号，并分别写明“字”和“号”。“字”表示记账凭证的种类；“号”表示每张记账凭证的序号。若采用“收”“付”“转”三种记账凭证，则某月第一笔付款业务填制的付款凭证编号为“付字第 1 号”，以此类推。若采用通用记账凭证，字简化为“记”，某月编制的记账凭证从“记字第 1 号”开始，以此类推。一笔经济业务需要填制两张以上记账凭证时，可以采用分数编号法编号。如一笔转账经济业务需要编制两张转账凭证，该凭证的顺序号如为第 5 号，则这笔业务可编制转字第 5 $\frac{1}{2}$号、第 5 $\frac{2}{2}$号两张转账凭证。

（3）记账凭证的摘要应当简明、正确，科目使用必须符合《企业会计准则——应用指南》的规定。不能在摘要中出现含混不清的记载，科目一旦选定不得随意改动，科目的名称与核算内容要相符，并同时注明记账方向，以便记账。

（4）同一张记账凭证应反映相同性质的经济业务。记账凭证可以根据每一张原始凭证填制，或者根据若干张同类原始凭证汇总填制，也可以根据原始凭证汇总表填制，但不得将不同内容和类别的原始凭证汇总填制在一张记账凭证上。

（5）记账凭证应附有原始凭证，并注明张数。除结账和更正错误的记账凭证可以不附原始凭证外，其他记账凭证必须附有原始凭证，并要注明所附原始凭证的张数。如果一张原始凭证涉及几张记账凭证，可以把原始凭证附在一张主要的记账凭证后面，并在其他记账凭证上注明附有该原始凭证的记账凭证的编号或者附原始凭证复印件。

一张原始凭证所列支出需要几个单位共同负担的，应当将其他单位负担的部分，开给对方原始凭证分割单进行结算。原始凭证分割单必须具备原始凭证的基本内容，包括凭证名称、填制凭证日期、填制凭证单位名称或者填制人姓名、经办人的签名或者盖章、接受凭证单位名称、经济业务内容、数量、单价、金额和费用分摊情况等。

（6）记账凭证的填制应做到“金额栏”数字准确，角、分位不留空白。如凭证填制完成后“金额栏”仍有空行，应当自“金额栏”最后一笔金额数字下的空行处至“合计栏”上的空行处划线注销。如果在填制记账凭证时发生错误，应当重新填制。但已经登记入账的记账凭证，在当年内发现填写错误时，可以用红字填写一张与原内容相同的记账凭证，在摘要栏注明“注销某月某日某号凭证”字样，同时再用蓝字重新填制一张正确的记账凭证，注明“订正某月某日某号凭证”字样。如果会计科目没有错误，只是金额错误，也可以将正确数字与错误数字之间的差额另编一张调整的记账凭证，调增金额用蓝字，调减金额用红字。发现以前年度记账凭证有错误，应当用蓝字填制一张更正的记账凭证。

（7）记账凭证填制完成后，应当进行复核和检查，以确保手续齐备，责任清楚。对已办妥的收款或付款凭证及所附原始凭证，出纳人员要当即加盖“收讫”“付讫”戳记，以免重收或重付。

（三）记账凭证的审核

记账凭证是登记账簿的直接依据。为了保证账簿记录的正确性，提高会计信息的质量，记账前必须由专人对记账凭证进行审核。记账凭证的审核包括合规性审核和技术性审核两个方面的内容。

1. 合规性审核

记账凭证的合规性审核，主要是审核记账凭证是否附有原始凭证，记账凭证的内容与所附原始凭证的内容是否一致，金额是否相等，所附原始凭证的张数与记账凭证所填列的附件张数是否一致。

2. 技术性审核

记账凭证的技术性审核，主要在于审核记账凭证中会计分录的编制是否正确，使用的会计科目是否正确，账户对应关系是否清晰，借方金额与贷方金额是否相等，会计科目及其所核算的内容是否符合会计制度的相关规定，记账凭证有关项目是否填列齐全，有关人员签章是否完备。

在审核中，如发现错误，应立即查明原因，予以更正。只有经过审核无误的记账凭证，才能作为记账的依据。

（四）记账凭证填制举例

1. 收款凭证的编制

收款凭证根据库存现金和银行存款收款业务的原始凭证填制。收款凭证左上方的"借方科目"，按收款的性质应填写"库存现金"或"银行存款"，右上方应填写凭证编号。收款凭证的编号一般按"现收字第×号"和"银收字第×号"分类，收付业务量少的单位也可不分"现收"与"银收"，而按收款业务发生的先后顺序统一编号，如"收字×号"；日期填写编制本凭证的具体日期；"摘要"栏填写经济业务的简要说明；"贷方科目"栏填写与收入库存现金或银行存款相对应的会计科目；"金额"栏填写该笔业务实际收到库存现金或银行存款的金额；"记账"栏供记账员在根据收款凭证登记有关账簿以后做记号（√）用，表示该项金额已经记入相关账户，避免重记或漏记；"附件　张"是指本记账凭证所附原始凭证的张数；最下边分别由有关人员签章以明确经济责任。

例1. 东桐机床有限公司2020年7月1日收到宏远机床贸易公司原欠货款35 100元。进账单（收账通知）见表3－1。

表3－1　中国工商银行进账单（收账通知）

2020年7月1日

<table>
<tr><td rowspan="3">出票人</td><td>全　称</td><td colspan="4">宏远机床贸易公司</td><td rowspan="3">收款人</td><td>全　称</td><td colspan="11">东桐机床有限公司</td><td rowspan="8">此联是收款人开户银行交给收款人的收款通知</td></tr>
<tr><td>账　号</td><td colspan="4">（略）</td><td>账　号</td><td colspan="11">2307484103129311226</td></tr>
<tr><td>开户银行</td><td colspan="4">（略）</td><td>开户银行</td><td colspan="11">工行大洲市分行</td></tr>
<tr><td rowspan="2">金额</td><td colspan="7" rowspan="2">人民币
（大写）叁万伍仟壹佰元整</td><td>亿</td><td>千</td><td>百</td><td>十</td><td>万</td><td>千</td><td>百</td><td>十</td><td>元</td><td>角</td><td>分</td></tr>
<tr><td></td><td></td><td></td><td>¥</td><td>3</td><td>5</td><td>1</td><td>0</td><td>0</td><td>0</td><td>0</td></tr>
<tr><td colspan="2">票据种类</td><td>（略）</td><td>票据张数</td><td>（略）</td><td colspan="14" rowspan="3">收款人开户银行签章</td></tr>
<tr><td colspan="2">票据号码</td><td colspan="3">（略）</td></tr>
<tr><td colspan="5">复核　　　记账</td></tr>
</table>

其编制的收款凭证如表3－2所示。

表3－2　收款凭证

借方科目：银行存款　　　　2020年7月1日　　　　银收字第1号

摘要	贷方科目		记账√	金额									
	一级科目	明细科目		千	百	十	万	千	百	十	元	角	分
收回宏远机床原欠货款	应收账款	宏远机床					3	5	1	0	0	0	0
合　计						¥	3	5	1	0	0	0	0

附件1张

会计主管：张元　　记账：李明　　出纳：王丹　　审核：夏波　　制单：赵洋

2. 付款凭证的填制

付款凭证根据库存现金和银行存款付款业务的原始凭证填制。付款凭证的填制方法与收款凭证基本相同，不同的只是左上方由“借方科目”换成“贷方科目”，凭证中间“贷方科目”换成“借方科目”。

例2. 东桐机床有限公司2020年7月1日用银行存款支付广告费9 000元。发票联和转账支票存根分别见表3－3和图3－1。

表3－3　××增值税普通发票

051002100102　　　　№ 56742672

发 票 联　　　　开票日期：2020年7月1日

购买方	名　　称：东桐机床有限公司 纳税人识别号：（略） 地 址 、电 话：（略） 开户行及账号：（略）				密码区		
货物或应税劳务、服务名称	规格型号	单位	数量	单价	金额	税率	税额
广播影视服务（广告费）					8 490. 56	6%	509. 44
合　　计					8 490. 56		509. 44
价税合计（大写）	玖仟元整				（小写）￥9 000. 00		
销售方	名　　称：大洲市电视台 纳税人识别号：（略） 地 址 、电 话：（略） 开户行及账号：（略）				备注		

第二联：发票联　购买方记账凭证

收款人：　　复核：　　开票人：马明芳　　销货方：（章）

中国工商银行
转账支票存根
$\frac{B}{2}\ \frac{B}{2}$25631125
附加信息________________

____

____

出票日期：2020 年 7 月 1 日

收款人：大洲市电视台
金　额：￥ 9 000.00
用　途：广告费

单位主管：张元　　　　会计：李明

图 3－1　转账支票存根

其编制的付款凭证如表 3－4 所示。

表 3－4　付款凭证

贷方科目：银行存款　　　　2020 年 7 月 1 日　　　　银付字第 1 号

摘　要	借方科目		记账√	金额									
	一级科目	明细科目		千	百	十	万	千	百	十	元	角	分
付电视台广告费	销售费用	广告费						9	0	0	0	0	0
合　计							￥	9	0	0	0	0	0

附件 2 张

会计主管：张元　　记账：李明　　出纳：王丹　　审核：夏波　　制单：赵洋

对于货币资金相互转化的业务，如将库存现金存入银行或从银行提取库存现金，为了防止重复记账，只需填制付款凭证，不再填制收款凭证。

3. 转账凭证的填制

转账凭证根据不涉及库存现金和银行存款收付的转账业务的原始凭证填制。转账凭证将经济业务所涉及的全部会计科目，按照先借后贷的顺序分别记入“一级科目”栏和“明细科目”栏，并按应借、应贷方向分别记入“借方金额”或“贷方金额”栏。其他项目的填列与收、付款凭证相同。

例 3. 东桐机床有限公司 2020 年 7 月 5 日购入甲材料 50 千克，单价为 5 000 元/千克，共计货款 250 000 元。甲材料已验收入库。材料入库单见表 3－5。

表 3－5　材料入库单

供货单位：红星机械有限公司　　　　　　　　凭证编号：7－04
收料日期：2020 年 7 月 5 日　　　　　　　　收料仓库：1 号仓库

材料类别	材料编号	材料名称及规格	计量单位	数量		金额			
				应收	实收	单价	买价	运杂费	合计
		甲材料	kg	50	50	5 000	250 000		250 000
备注：						合 计			250 000

②记账联

采购员：钟勇　　　　　　　　　　　　仓库验收：刘大志

其编制的转账凭证如表 3－6 所示。

表 3－6　转账凭证

2020 年 7 月 5 日　　　　　　　　转字第 12 号

摘要	一级科目	明细科目	借方金额										贷方金额										记账√
			千	百	十	万	千	百	十	元	角	分	千	百	十	万	千	百	十	元	角	分	
材料入库	原材料	甲材料			2	5	0	0	0	0	0	0											
	在途物资	甲材料													2	5	0	0	0	0	0	0	
合　计				¥	2	5	0	0	0	0	0	0		¥	2	5	0	0	0	0	0	0	

附件 1 张

会计主管：张元　　记账：李明　　出纳：陈中　　审核：夏波　　制单：赵洋

4. 通用记账凭证的填制

通用记账凭证是采用一种通用格式记录各种经济业务的记账凭证，这种记账凭证既可以反映收、付款业务，也可以反映转账业务。采用通用记账凭证要求按业务处理的先后顺序对当期记账凭证进行连续编号。

例 4. 东桐机床有限公司 2020 年 7 月 1 日通过银行支付原欠远大机械有限公司购货款 120 000 元。转账支票存根和进账单（回单）分别见图 3－2 和表 3－7。

中国工商银行
转账支票存根
$\frac{B}{2}\frac{B}{2}$03512273

附加信息

出票日期：2020 年 7 月 1 日

收款人：远大机械有限公司
金　额：¥ 120 000.00
用　途：付购货款

单位主管：张元　　　　会计：李明

图 3－2　转账支票存根

表 3－7　中国工商银行进账单（回单）

2020 年 7 月 1 日

<table>
<tr><td rowspan="3">出票人</td><td>全　称</td><td colspan="2">东桐机床有限公司</td><td rowspan="3">收款人</td><td colspan="4">全　称</td><td colspan="7">远大机械有限公司</td></tr>
<tr><td>账　号</td><td colspan="2">2307484103129311226</td><td colspan="4">账　号</td><td colspan="7">2307484103226342102</td></tr>
<tr><td>开户银行</td><td colspan="2">工行大洲市分行</td><td colspan="4">开户银行</td><td colspan="7">工行大洲市分行</td></tr>
<tr><td rowspan="2">金额</td><td colspan="4" rowspan="2">人民币
（大写）壹拾贰万元整</td><td>亿</td><td>千</td><td>百</td><td>十</td><td>万</td><td>千</td><td>百</td><td>十</td><td>元</td><td>角</td><td>分</td></tr>
<tr><td></td><td></td><td>¥</td><td>1</td><td>2</td><td>0</td><td>0</td><td>0</td><td>0</td><td>0</td><td>0</td></tr>
<tr><td>票据种类</td><td>（略）</td><td>票据张数</td><td>（略）</td><td colspan="12" rowspan="3">开户银行签章</td></tr>
<tr><td>票据号码</td><td colspan="3">（略）</td></tr>
<tr><td colspan="4">复核　　记账</td></tr>
</table>

此联是开户银行交给出票人的回单

其编制的通用记账凭证如表 3－8 所示。

表 3－8　记账凭证

2020 年 7 月 1 日　　　　记字第 1 号

<table>
<tr><td rowspan="2">摘要</td><td rowspan="2">一级科目</td><td rowspan="2">明细科目</td><td colspan="10">借方金额</td><td colspan="10">贷方金额</td><td rowspan="2">记账√</td></tr>
<tr><td>千</td><td>百</td><td>十</td><td>万</td><td>千</td><td>百</td><td>十</td><td>元</td><td>角</td><td>分</td><td>千</td><td>百</td><td>十</td><td>万</td><td>千</td><td>百</td><td>十</td><td>元</td><td>角</td><td>分</td></tr>
<tr><td>付欠款</td><td>应付账款</td><td>远大</td><td></td><td></td><td>1</td><td>2</td><td>0</td><td>0</td><td>0</td><td>0</td><td>0</td><td>0</td><td></td><td></td><td></td><td></td><td></td><td></td><td></td><td></td><td></td><td></td><td></td></tr>
<tr><td></td><td>银行存款</td><td></td><td></td><td></td><td></td><td></td><td></td><td></td><td></td><td></td><td></td><td></td><td></td><td></td><td>1</td><td>2</td><td>0</td><td>0</td><td>0</td><td>0</td><td>0</td><td>0</td><td></td></tr>
<tr><td></td><td></td><td></td><td></td><td></td><td></td><td></td><td></td><td></td><td></td><td></td><td></td><td></td><td></td><td></td><td></td><td></td><td></td><td></td><td></td><td></td><td></td><td></td><td></td></tr>
<tr><td></td><td></td><td></td><td></td><td></td><td></td><td></td><td></td><td></td><td></td><td></td><td></td><td></td><td></td><td></td><td></td><td></td><td></td><td></td><td></td><td></td><td></td><td></td><td></td></tr>
<tr><td></td><td></td><td></td><td></td><td></td><td></td><td></td><td></td><td></td><td></td><td></td><td></td><td></td><td></td><td></td><td></td><td></td><td></td><td></td><td></td><td></td><td></td><td></td><td></td></tr>
<tr><td colspan="3">合　计</td><td></td><td>¥</td><td>1</td><td>2</td><td>0</td><td>0</td><td>0</td><td>0</td><td>0</td><td>0</td><td></td><td>¥</td><td>1</td><td>2</td><td>0</td><td>0</td><td>0</td><td>0</td><td>0</td><td>0</td><td></td></tr>
</table>

附件 2 张

会计主管：张元　　记账：李明　　出纳：陈中　　审核：夏波　　制单：赵洋

五、实验资料

（一）经济业务实例

以下是泰达机床有限责任公司（一般纳税人）2020 年 8 月发生的部分经济业务文字描述以及相关原始凭证。

1．2020 年 8 月 1 日向大洲宏图机床贸易公司销售压力机 3 台，单价 10 000 元，售价 30 000 元，增值税销项税额 3 900 元，价款已收存银行。增值税专用发票和进账单（收账通知）分别见表 3－9 和表 3－10。

表 3－9　××增值税专用发票

№ 0421136

此联不做报销、扣税凭证使用　　开票日期：2020 年 8 月 1 日

<table>
<tr><td>购货单位</td><td colspan="5">名称：大洲宏图机床贸易公司
纳税人识别号：（略）
地 址、电 话：（略）
开户行及账号：农行大洲市直属支行 2307484103128534520</td><td>密码区</td><td colspan="2">（略）</td></tr>
<tr><td colspan="2">货物或应税劳务名称
压力机
合计</td><td>规格型号</td><td>单位
台</td><td>数量
3</td><td>单价
10 000</td><td>金额
30 000
30 000</td><td>税率
13%</td><td>税额
3 900
3 900</td></tr>
<tr><td colspan="2">价税合计（大写）</td><td colspan="7">叁万叁仟玖佰元整　　（小写）¥33 900.00</td></tr>
<tr><td>销货单位</td><td colspan="5">名　　称：泰达机床有限责任公司
纳税人识别号：（略）
地 址、电 话：（略）
开户行及账号：农行大洲市分行 2307484103128431261</td><td>备注</td><td colspan="2"></td></tr>
</table>

第一联：记账联　销货方记账凭证

收款人：张农　　复核：李田　　开票人：王有　　销货单位：（章）

表 3－10　中国农业银行进账单（收账通知）

2020 年 8 月 1 日

<table>
<tr><td rowspan="3">出票人</td><td>全　称</td><td colspan="2">大洲宏图机床贸易公司</td><td rowspan="3">收款人</td><td>全　称</td><td colspan="11">泰达机床有限责任公司</td></tr>
<tr><td>账　号</td><td colspan="2">（略）</td><td>账　号</td><td colspan="11">2307484103128431261</td></tr>
<tr><td>开户银行</td><td colspan="2">（略）</td><td>开户银行</td><td colspan="11">农行大洲市分行</td></tr>
<tr><td rowspan="2">金额</td><td colspan="5" rowspan="2">人民币
（大写）叁万叁仟玖佰元整</td><td>亿</td><td>千</td><td>百</td><td>十</td><td>万</td><td>千</td><td>百</td><td>十</td><td>元</td><td>角</td><td>分</td></tr>
<tr><td></td><td></td><td></td><td>¥</td><td>3</td><td>3</td><td>9</td><td>0</td><td>0</td><td>0</td><td>0</td></tr>
<tr><td colspan="2">票据种类</td><td>（略）</td><td>票据张数</td><td>（略）</td><td colspan="12" rowspan="3">收款人开户银行签章</td></tr>
<tr><td colspan="2">票据号码</td><td colspan="3">（略）</td></tr>
<tr><td colspan="5">复核　　记账</td></tr>
</table>

此联是收款人开户银行交给收款人的收款通知

2. 2020 年 8 月 7 日向京边机床有限责任公司购入一台不需要安装的 A 型设备，该设备的买价 50 000 元，增值税税额 6 500 元，全部款项已通过银行支付，设备当即投入使用。电汇凭证（回单）、增值税专用发票（抵扣联）、增值税专用发票（发票联）及外购设备入库单分别见表 3－11 至表 3－14。

表 3－11　中国农业银行电汇凭证（回单）

委托日期 2020 年 8 月 7 日　　　　　　　　第　号

<table>
<tr><td rowspan="3">汇款人</td><td>全　称</td><td colspan="6">泰达机床有限责任公司</td><td rowspan="3">收款人</td><td>全　称</td><td colspan="10">京边机床有限责任公司</td></tr>
<tr><td>账　号</td><td colspan="6">2307484103128431261</td><td>账号</td><td colspan="10">（略）</td></tr>
<tr><td>汇出地点</td><td></td><td>省</td><td></td><td>市县</td><td>汇出行名　称</td><td>农行大洲市分行</td><td>汇　入地　点</td><td></td><td>省</td><td></td><td>市县</td><td>汇入地点</td><td colspan="5">（略）</td></tr>
<tr><td rowspan="2">金额</td><td rowspan="2">人民币（大写）</td><td colspan="8" rowspan="2">伍万陆仟伍佰元整</td><td>千</td><td>百</td><td>十</td><td>万</td><td>千</td><td>百</td><td>十</td><td>元</td><td>角</td><td>分</td></tr>
<tr><td></td><td></td><td>¥</td><td>5</td><td>6</td><td>5</td><td>0</td><td>0</td><td>0</td><td>0</td></tr>
<tr><td colspan="8">汇款用途：购设备款</td><td colspan="12" rowspan="2">汇出行盖章　2020 年 8 月 7 日</td></tr>
<tr><td colspan="8">单位主管：王勇　会计：李涛　复核：　记账：</td></tr>
</table>

表 3－12　××增值税专用发票

№ 06545230

抵扣联　　　　开票日期：2020 年 8 月 7 日

<table>
<tr><td>购货单位</td><td colspan="4">名称：泰达机床有限责任公司
纳税人识别号：（略）
地 址、电 话：（略）
开户行及账号：农行大洲市分行 2307484103128431261</td><td>密码区</td><td colspan="2">（略）</td></tr>
<tr><td colspan="2">货物或应税劳务名称
A 型设备
合计</td><td>规格型号</td><td>单位
台</td><td>数量
1</td><td>单价
50 000</td><td>金额
50 000
50 000</td><td>税率
13%</td><td>税额
6 500
6 500</td></tr>
<tr><td colspan="2">价税合计（大写）</td><td colspan="7">伍万陆仟伍佰元整　（小写）¥56 500.00</td></tr>
<tr><td>销货单位</td><td colspan="4">名　　称：京边机床有限责任公司
纳税人识别号：（略）
地 址、电 话：（略）
开户行及账号：（略）</td><td>备注</td><td colspan="2"></td></tr>
</table>

第二联：抵扣联　购货方扣税凭证

收款人：胡东　　复核：刘元　　开票人：张山　　销货单位：（章）

表 3-13　××增值税专用发票

№ 06545230

发票联　　开票日期：2020 年 8 月 7 日

购货单位	名称：泰达机床有限责任公司 纳税人识别号：（略） 地 址、电 话：（略） 开户行及账号：农行大洲市分行 2307484103128431261				密码区	（略）	
货物或应税劳务名称	规格型号	单位	数量	单价	金额	税率	税额
A 型设备		台	1	50 000	50 000	13%	6 500
合计					50 000		6 500
价税合计（大写）	伍万陆仟伍佰元整　（小写）￥56 500.00						
销货单位	名　称：京边机床有限责任公司 纳税人识别号：（略） 地 址、电 话：（略） 开户行及账号：（略）				备注		

第三联：发票联　购货方记账凭证

收款人：胡东　　复核：刘元　　开票人：张山　　销货单位：（章）

表 3-14　外购设备入库单

供货单位：京边机床有限责任公司　　凭证编号：8-01

入库时间：2020 年 8 月 7 日　　使用部门：一车间

编号	品名	规格	计量单位	数量	单价	金额		
						买价	运杂费	合计
	A 型设备		台	1	50 000	50 000		50 000
备注：					合 计			50 000

②记账联

采购员：王海　　验收：李勇

3. 2020 年 8 月 13 日从银行提取现金 5 000 元备用（见图 3-3）。

中国农业银行
现金支票存根
$\frac{B}{2}\ \frac{B}{2}$23460026
附加信息
出票日期：2020 年 8 月 13 日

收款人：本单位	
金　额：￥ 5 000.00	
用　途：备用	

单位主管：王勇　　会计：李涛

图 3-3　现金支票存根

4. 2020 年 8 月 17 日向佳禾钢铁有限责任公司购入圆钢 4 000 千克，每千克 50 元，增值税税率 13%，圆钢已验收入库，价税款暂欠。增值税专用发票（抵扣联）、增值税专用发票（发票联）及材料入库单分别见表 3－15、表 3－16 和表 3－17。

表 3－15　××增值税专用发票

№ 04235223

抵扣联　　开票日期：2020 年 8 月 17 日

购货单位	名称：泰达机床有限责任公司 纳税人识别号：（略） 地 址、电 话：（略） 开户行及账号：农行大洲市分行 2307484103128431261					密码区	（略）
货物或应税劳务名称	规格型号	单位	数量	单价	金额	税率	税额
圆钢		kg	4 000	50	200 000	13%	26 000
合计					200 000		26 000
价税合计（大写）	贰拾贰万陆仟元整　　（小写）￥226 000.00						
销货单位	名　　称：佳禾钢铁有限责任公司 纳税人识别号：（略） 地 址、电 话：（略） 开户行及账号：（略）					备注	

第二联：抵扣联　购货方扣税凭证

收款人：贺光　　复核：汪历　　开票人：高山　　销货单位：（章）

表 3－16　××增值税专用发票

№ 04235223

发票联　　开票日期：2020 年 8 月 17 日

购货单位	名称：泰达机床有限责任公司 纳税人识别号：（略） 地 址、电 话：（略） 开户行及账号：农行大洲市分行 2307484103128431261					密码区	（略）
货物或应税劳务名称	规格型号	单位	数量	单价	金额	税率	税额
圆钢		kg	4 000	50	200 000	13%	26 000
合计					200 000		26 000
价税合计（大写）	贰拾贰万陆仟元整　　（小写）￥226 000.00						
销货单位	名　　称：佳禾钢铁有限责任公司 纳税人识别号：（略） 地 址、电 话：（略） 开户行及账号：（略）					备注	

第三联：发票联　购货方记账凭证

收款人：贺光　　复核：汪历　　开票人：高山　　销货单位：（章）

表 3-17　材料入库单

供货单位：佳禾钢铁有限责任公司　　凭证编号：8-04

收料日期：2020 年 8 月 17 日　　收料仓库：1 号仓库

材料类别	材料编号	材料名称及规格	计量单位	数量		金额				
				应收	实收	单价	买价	运杂费	合计	②
		圆钢	kg	4 000	4 000	50	200 000		200 000	记
										账
备注：						合 计			200 000	联

采购员：王勇　　仓库验收：魏红

5. 2020 年 8 月 23 日，一车间生产压力机，领用圆钢 2 000 千克。领料单见表 3-18。

表 3-18　领料单

领料单位：一车间　　凭证编号：8-06

发料日期：2020 年 8 月 23 日　　发料仓库：1 号仓库

材料类别	材料编号	材料名称及规格	计量单位	数量		金额		用　途	
				请领	实发	单价	金额		②
		圆钢	kg	2 000	2 000	50	100 000	压力机	记
									账
合　计							100 000		联

领料：张凯　　仓库发料：魏红

6. 2020 年 8 月 25 日，向华联电器有限责任公司购买的电器元件 500 件，价款 18 000 元，增值税 2 340 元，已验收入库。该批电器元件已于上月 20 日向华联电器有限责任公司预付货款 20 000 元，不足部分通过银行补付。增值税专用发票（抵扣联）、增值税专用发票（发票联）、转账支票存根、进账单（回单）及材料入库单分别见表 3-19、表 3-20、图 3-4、表 3-21 及表 3-22。

表 3－19　××增值税专用发票

№ 03264957

抵扣联　　开票日期：2020 年 8 月 25 日

购货单位	名称：泰达机床有限责任公司 纳税人识别号：（略） 地 址、电 话：（略） 开户行及账号：农行大洲市分行 2307484103128431261				密码区	（略）	
货物或应税劳务名称 电器元件 合计	规格型号	单位 件	数量 500	单价 36	金额 18 000 18 000	税率 13%	税额 2 340 2 340
价税合计（大写）	贰万零叁佰肆拾元整　（小写）￥20 340.00						
销货单位	名　　称：华联电器有限责任公司 纳税人识别号：（略） 地 址、电 话：（略） 开户行及账号：（略）				备注		

第二联：抵扣联　购货方扣税凭证

收款人：田雨　　复核：李明　　开票人：刘波　　销货单位：（章）

表 3－20　××增值税专用发票

№ 03264957

发票联　　开票日期：2020 年 8 月 25 日

购货单位	名称：泰达机床有限责任公司 纳税人识别号：（略） 地 址、电 话：（略） 开户行及账号：农行大洲市分行 2307484103128431261				密码区	（略）	
货物或应税劳务名称 电器元件 合计	规格型号	单位 件	数量 500	单价 36	金额 18 000 18 000	税率 13%	税额 2 340 2 340
价税合计（大写）	贰万零叁佰肆拾元整　（小写）￥20 340.00						
销货单位	名　　称：华联电器有限责任公司 纳税人识别号：（略） 地 址、电 话：（略） 开户行及账号：（略）				备注		

第三联：发票联　购货方记账凭证

收款人：田雨　　复核：李明　　开票人：刘波　　销货单位：（章）

中国农业银行 转账支票存根 $\frac{B}{2}\frac{B}{2}$02263355
附加信息
出票日期 2020 年 8 月 25 日
收款人：华联电器有限责任公司
金　额：￥ 20 340.00
用　途：付购货款
单位主管：王勇　　会计：李涛

图 3－4　转账支票存根

表 3－21　中国农业银行进账单（回单）　1

2020 年 8 月 25 日

出票人	全　称	泰达机床有限责任公司	收款人	全　称	华联电器有限责任公司										
	账　号	2307484103128431261		账　号	（略）										
	开户银行	农行大洲市分行		开户银行	农行大洲市分行直属支行										
金额	人民币（大写）贰万零叁佰肆拾元整				亿	千	百	十	万	千	百	十	元	角	分
								￥	2	0	3	4	0	0	0
票据种类	（略）	票据张数	（略）												
票据号码	（略）														
复核　记账				开户银行签章											

此联是开户银行交给出票人的回单

表 3－22　材料入库单

供货单位：华联电器有限责任公司　　　　凭证编号：8－06

收料日期：2020 年 8 月 25 日　　　　收料仓库：2 号仓库

材料类别	材料编号	材料名称及规格	计量单位	数量		金额			
				应收	实收	单价	买价	运杂费	合计
		电器元件	件	500	500	36	18 000		18 000
备注：						合 计			18 000

② 记账联

采购员：王勇　　　　仓库验收：李海

7. 2020 年 8 月 25 日，以现金购入办公用品交付行政管理部门使用。销售发票（发票联）见表 3－23。

表 3－23　××增值税普通发票

051002100208　　№ 55530987

发票联　　开票日期：2020 年 8 月 25 日

购买方	名　称：泰达机床有限责任公司 纳税人识别号：（略） 地 址 、电 话：（略） 开户行及账号：（略）					密码区		
货物或应税劳务、服务名称	规格型号	单位	数量	单价	金额	税率	税额	
计算器		个	3	120	360.00	3%	10.80	
打印纸		箱	1	240	240.00	3%	7.20	
合　计					600.00		18.00	
价税合计（大写）	陆佰壹拾捌元整				（小写）￥618.00			
销售方	名　称：大洲办公用品商店 纳税人识别号：（略） 地 址 、电 话：（略） 开户行及账号：（略）					备注		

第二联：发票联 购买方记账凭证

收款人：　　复核：　　开票人：王希　　销货方：（章）

（二）根据资料（一）填制有关专用凭证

表 3－24 至表 3－34 分别为收款凭证、付款凭证、转账凭证。

表 3－24　收款凭证（1）

借方科目：　　年　月　日　　收字第　号

摘　要	贷方科目		记账√	金额									
	一级科目	明细科目		千	百	十	万	千	百	十	元	角	分
合　计													

附件　张

会计主管：　　记账：　　出纳：　　审核：　　制单：

表 3－25　收款凭证（2）

借方科目：　　　　　　　　年　月　日　　　　　　　　收字第　号

摘　要	贷方科目		记账√	金额									
	一级科目	明细科目		千	百	十	万	千	百	十	元	角	分
合　计													

附件　张

会计主管：　　　记账：　　　出纳：　　　审核：　　　制单：

表 3－26　付款凭证（1）

贷方科目：　　　　　　　　年　月　日　　　　　　　　付字第　号

摘　要	借方科目		记账√	金额									
	一级科目	明细科目		千	百	十	万	千	百	十	元	角	分
合　计													

附件　张

会计主管：　　　记账：　　　出纳：　　　审核：　　　制单：

表 3－27　付款凭证（2）

贷方科目：　　　　　　　　年　月　日　　　　　　　　付字第　号

摘　要	借方科目		记账√	金额									
	一级科目	明细科目		千	百	十	万	千	百	十	元	角	分
合　计													

附件　张

会计主管：　　　记账：　　　出纳：　　　审核：　　　制单：

表 3－28 付款凭证（3）

贷方科目： 年 月 日 付字第 号

摘 要	借方科目		记账√	金额									
	一级科目	明细科目		千	百	十	万	千	百	十	元	角	分
合 计													

附件 张

会计主管： 记账： 出纳： 审核： 制单：

表 3－29 付款凭证（4）

贷方科目： 年 月 日 付字第 号

摘 要	借方科目		记账√	金额									
	一级科目	明细科目		千	百	十	万	千	百	十	元	角	分
合 计													

附件 张

会计主管： 记账： 出纳： 审核： 制单：

表 3－30 付款凭证（5）

贷方科目： 年 月 日 付字第 号

摘 要	借方科目		记账√	金额									
	一级科目	明细科目		千	百	十	万	千	百	十	元	角	分
合 计													

附件 张

会计主管： 记账： 出纳： 审核： 制单：

表 3－31　转账凭证（1）

年　月　日　　　　　　　　　　转字第　号

摘要	一级科目	明细科目	借方金额										贷方金额										记账√
			千	百	十	万	千	百	十	元	角	分	千	百	十	万	千	百	十	元	角	分	
合　计																							

附件　张

会计主管：　　记账：　　出纳：　　审核：　　制单：

表 3－32　转账凭证（2）

年　月　日　　　　　　　　　　转字第　号

摘要	一级科目	明细科目	借方金额										贷方金额										记账√
			千	百	十	万	千	百	十	元	角	分	千	百	十	万	千	百	十	元	角	分	
合　计																							

附件　张

会计主管：　　记账：　　出纳：　　审核：　　制单：

表 3－33　转账凭证（3）

年　月　日　　　　　　　　　　转字第　号

摘要	一级科目	明细科目	借方金额										贷方金额										记账√
			千	百	十	万	千	百	十	元	角	分	千	百	十	万	千	百	十	元	角	分	
合　计																							

附件　张

会计主管：　　记账：　　出纳：　　审核：　　制单：

表 3 - 34 转账凭证（4）

年 月 日 转字第 号

摘要	一级科目	明细科目	借方金额										贷方金额										记账√
			千	百	十	万	千	百	十	元	角	分	千	百	十	万	千	百	十	元	角	分	
合 计																							

附件 张

会计主管： 记账： 出纳： 审核： 制单：

（三）根据资料（一）填制通用记账凭证

记账凭证见表 3 - 35 至表 3 - 42。

表 3 - 35 记账凭证（1）

年 月 日 记字第 号

摘要	一级科目	明细科目	借方金额										贷方金额										记账√
			千	百	十	万	千	百	十	元	角	分	千	百	十	万	千	百	十	元	角	分	
合 计																							

附件 张

会计主管： 记账： 出纳： 审核： 制单：

表 3 - 36 记账凭证（2）

年 月 日 记字第 号

摘要	一级科目	明细科目	借方金额										贷方金额										记账√
			千	百	十	万	千	百	十	元	角	分	千	百	十	万	千	百	十	元	角	分	
合 计																							

附件 张

会计主管： 记账： 出纳： 审核： 制单：

表 3－37　记账凭证（3）

年　月　日　　　　　　　　　　　　记字第　号

摘要	一级科目	明细科目	借方金额										贷方金额										记账√
			千	百	十	万	千	百	十	元	角	分	千	百	十	万	千	百	十	元	角	分	
合　计																							

附件　张

会计主管：　　　记账：　　　出纳：　　　审核：　　　制单：

表 3－38　记账凭证（4）

年　月　日　　　　　　　　　　　　记字第　号

摘要	一级科目	明细科目	借方金额										贷方金额										记账√
			千	百	十	万	千	百	十	元	角	分	千	百	十	万	千	百	十	元	角	分	
合　计																							

附件　张

会计主管：　　　记账：　　　出纳：　　　审核：　　　制单：

表 3－39　记账凭证（5）

年　月　日　　　　　　　　　　　　记字第　号

摘要	一级科目	明细科目	借方金额										贷方金额										记账√
			千	百	十	万	千	百	十	元	角	分	千	百	十	万	千	百	十	元	角	分	
合　计																							

附件　张

会计主管：　　　记账：　　　出纳：　　　审核：　　　制单：

表3－40　记账凭证（6）

年　月　日　　　　　　记字第　号

摘要	一级科目	明细科目	借方金额										贷方金额										记账√
			千	百	十	万	千	百	十	元	角	分	千	百	十	万	千	百	十	元	角	分	
合　计																							

附件　张

会计主管：　　记账：　　出纳：　　审核：　　制单：

表3－41　记账凭证（7）

年　月　日　　　　　　记字第　号

摘要	一级科目	明细科目	借方金额										贷方金额										记账√
			千	百	十	万	千	百	十	元	角	分	千	百	十	万	千	百	十	元	角	分	
合　计																							

附件　张

会计主管：　　记账：　　出纳：　　审核：　　制单：

表3－42　记账凭证（8）

年　月　日　　　　　　记字第　号

摘要	一级科目	明细科目	借方金额										贷方金额										记账√
			千	百	十	万	千	百	十	元	角	分	千	百	十	万	千	百	十	元	角	分	
合　计																							

附件　张

会计主管：　　记账：　　出纳：　　审核：　　制单：

六、实验报告

（1）实验内容。

（2）实验中的问题及解决方法。

（3）实验体会及建议。

第四章　会计账簿登记实验

一、实验目的

（1）掌握现金日记账、银行存款日记账的登记方法。

（2）掌握平行登记的基本内容，掌握总分类账和明细分类账的登记方法。

（3）掌握结账方法。

（4）掌握账证核对、账账核对的方法。

二、实验要求

（1）能根据记账凭证设置或选择账簿格式。

（2）能根据记账凭证正确登记账簿。

（3）能正确运用结账方法，并进行账证核对、账账核对。

三、操作指南

（1）登记账簿前，要先对编制的记账凭证进行再次审核，以确保账簿登记的准确性。

（2）登记账簿前先复习“账簿的设置与登记”相关内容，为登账做准备。

（3）根据本章实验资料（一），登记现金日记账和银行存款日记账期初余额，再根据实验资料（三）中编制的有关收付款凭证，逐日逐笔登记现金日记账和银行存款日记账，并进行结账。

（4）根据实验资料（一），登记相关账户期初余额，再根据实验资料（三）编制有关记账凭证，利用平行登记法登记总分类账和明细分类账。

四、实验讲解

会计账簿，是以审核无误的会计凭证为依据，用以全面、系统、连续、分类记录各项经济业务的簿籍，由具有一定专门格式、相互联系的若干账页所组成。

（一）现金日记账的设置与登记

现金日记账，是由出纳人员根据审核后的现金收款凭证、现金付款凭证和银行存款付款凭证，按照经济业务发生的先后顺序逐日逐笔序时登记的账簿。现金日记账必须采用订本式账簿。

现金日记账一般采用“三栏式”账页，基本结构为“收入（借方）”“支出（贷方）”“结余”（余额）三栏。其一般格式如表4－1所示。

表4－1　现金日记账　　第1页

2020年		凭证		摘　要	对方科目	收入	支出	结余
月	日	字	号					
7	1			期初余额				5 500
	3	银付	1	提现备发工资	银行存款	62 000		
	3	现付	1	支付工资款	应付职工薪酬		62 000	
	3	现付	2	支付办公用品款	管理费用		350	
				本日合计		62 000	62 350	5 150
	4	现付	1	支付招待费	管理费用		360	4 790
	6	现付	1	张勇预借差旅费	其他应收款		1 000	3 790
	……	……	……	……	……	……	……	……
	31			本月发生额及余额		156 240	157 680	4 060

现金日记账的登记方法：

（1）日期栏。按照记账凭证的日期，逐日逐笔序时登记。

（2）凭证栏。凭证栏记录登记入账的记账凭证的编号和种类。

（3）摘要栏。摘要栏简要填列登记入账经济业务的内容。

（4）对方科目栏。对方科目栏填写现金收入的来源科目或支出的用途科目。

（5）收入、支出栏。收入、支出栏用于填列现金收付的实际金额。

每日终了，必须结出当日现金结余金额。现金收支业务量比较大的企业，还应当结出当日的现金收入合计数、支出合计数，并在“摘要”栏注明“本日合计”字样。每日结出的账面余额要和库存现金实际数核对，以检查账实是否相符。每月终了，要结出当月现金收入、支出合计数和结余数，并在该行的下面画一条通栏单红线。

（二）银行存款日记账的设置和登记

银行存款日记账是专门用来记录银行存款收支业务的一种特种日记账，通常由出纳人员根据审核后的银行存款收款凭证、银行存款付款凭证和现金付款凭证逐日逐笔顺序登记。银行存款日记账必须采用订本式账簿，其账页格式一般采用“收入”（借方）、“支出”（贷方）和“结余”（余额）三栏式。一般格式如表 4－2 所示。

表 4－2　银行存款日记账　　　　第 1 页

2020 年		凭证		摘要	现金支票号数	转账支票号数	收入	支出	结余
月	日	字	号						
7	1			期初余额					180 000
	3	银付	1	提现备发工资				62 000	118 000
	4	银付	1	支付 A 材料款				58 500	
	4	银付	2	银行代扣水电费				860	
	4	银收	1	销售产品收款			117 000		
	4			本日合计			117 000	59 360	175 640
	5	现付	1	现金入行			5 000		180 640
	……	……	……	……	……	……	……	……	……
	31			本月发生额及余额			2 256 000	2 163 000	273 000

银行存款日记账的登记方法如下：

（1）日期栏。日期栏填写记账凭证的日期，一般由出纳逐日逐笔序时登记。

（2）凭证栏。凭证栏填写记账凭证的种类和号数，便于查询。

（3）摘要栏。摘要栏简要说明登记入账的经济业务的内容。

（4）现金支票号数和转账支票号数栏。现金支票号数和转账支票号数栏登记所涉及支票的相应号数，以便与银行对账。

(5) 对方科目栏。对方科目栏填写银行存款收入的来源科目或支出的用途科目。

(6) 收入、支出栏。收入、支出栏填写银行存款的收付金额。

对于银行存款业务比较多的企业，每日业务终了时，应计算、登记当日的银行存款收入合计数、银行存款支出合计数以及账面结余数，并在“摘要”栏注明“本日合计”字样。每月终了，本单位银行存款日记账账面结余数与银行对账单余额如有差异，必须逐笔查明原因，通过编制银行存款余额调节表试算调节。

(三) 总分类账簿的设置和登记

总分类账簿，简称总账，是根据总分类科目开设账户，用来登记全部经济业务，进行总分类核算，提供总括核算资料的分类账簿。总分类账簿一般采用订本式账簿，其账页格式，一般采用“借方”“贷方”“余额”三栏式。一般格式如表 4-3 所示。

表 4-3 总分类账

账户名称：应付账款　　第 1 页

2020 年		凭证		摘要	借方	贷方	借或贷	余额
月	日	字	号					
7	1			期初余额			贷	320 000
	2	转	1	赊购乙材料		234 000	贷	554 000
	8	银付	7	支付原欠货款	175 500		贷	378 500
	……	……	……	……	……	……	……	……
	31			本月发生额及余额	687 200	594 300	贷	227 100

总分类账的登记依据和方法，主要取决于所采用的会计核算形式。它可以直接根据各种记账凭证逐笔登记，也可以先把记账凭证按照一定方式进行汇总，编制成科目汇总表或汇总记账凭证等，然后据以登记。

(四) 明细分类账簿的设置和登记

明细分类账簿，简称明细账，是按照明细分类账户详细记录经济业务的账簿。其所提供的详细核算资料，是对总分类账簿的详细反映和补充，也是编制会计报表的依据。明细分类账簿的账页格式根据不同的经济内容和管理要求采用不同的格式，主要有“三栏式”“数量金额式”和“多栏式”。明细分类账的账簿一般采用活页式，也有的采用卡片式（如固定资产明细账）。

1. 三栏式明细分类账簿的设置和登记

三栏式明细分类账簿的账页的格式为“借方”“贷方”“余额”三个金额栏。

这种明细账簿不设数量栏。因此，它适用于那些只需要进行金额核算而不需要进行数量核算的账户，如“应收账款”“应付账款”“预收账款”等往来账户。三栏式明细分类账的账页一般格式如表 4－4 所示。

表 4－4 应收账款 明细分类账

明细账户名称：东桐机床贸易公司　　　　第 1 页

2020 年		凭证		摘要	借方	贷方	借或贷	余额
月	日	字	号					
7	1			期初余额			借	62 000
	5	银收	1	收回欠款		38 000	借	24 000
	10	转	9	赊销产品	58 500		借	82 500
	……	……	……	……	……	……	……	……
	31			本月发生额及余额	175 500	183 200	借	54 300

三栏式明细分类账簿可根据记账凭证及其所附的原始凭证，逐笔登记其借方金额和贷方金额，并逐日结出余额。每月终了，结出本月借方发生额合计、贷方发生额合计和月末余额。

2. 数量金额式明细分类账簿的设置和登记

数量金额式明细分类账簿账页基本结构是“收入”“发出”“结存”三栏，每栏再分设“数量”“单价”“金额”三栏。这种账簿适用于既需要进行金额核算，又需要进行实物数量核算的各种财产物资科目，如“原材料”“库存商品”等。数量金额式明细分类账簿的账页一般格式如表 4－5 所示。

表 4－5 原材料 明细分类账

类别：甲材料　　　　编号：1102

品名（规格）：28　　　　存放地点：1 号仓库

储备定额：30 000　　　　计量单位：千克

2020 年		凭证		摘要	收入			发出			结存		
月	日	字	号		数量	单价	金额	数量	单价	金额	数量	单价	金额
7	1	略		期初余额							30 000	100	3 000 000
	5			车间领用				15 000	100	1 500 000	15 000	100	1 500 000
	9			购买入库	10 000	100	1 000 000				25 000	100	2 500 000
	……	……	……	……	……	……	……	……	……	……	……	……	……
	31			本月发生额及余额	40 000	100	4 000 000	53 000	100	5 300 000	17 000	100	1 700 000

数量金额式明细分类账簿在登记金额的同时，还要登记实物的数量和单价。“收

入栏”根据记账凭证及其所附的原始凭证逐日逐笔登记数量、单价和金额。发出的“数量栏”一般根据“领料单”等原始凭证逐日逐笔登记，结存的“数量栏”登记每日结出结存数量。发出的“单价和金额栏”以及结存的“单价和金额栏”根据发出存货的不同计价方法有不同的登记方法。

3. 多栏式明细分类账簿的设置和登记

多栏式明细分类账簿是根据经济业务的特点和经营管理的需要，在一张账页内记录某一科目所属的各明细科目的内容，按该科目的明细项目分设专栏记录。这种账页格式适用于只记金额、不记数量，并且在管理上需要了解和分析其构成内容的科目，主要用于各成本、费用、收入、利润相关科目的账户记录，如“生产成本”“管理费用”“本年利润”等科目。

多栏式明细账账页一般格式如表 4－6 所示。

表 4－6 管理费用 明细分类账

第 1 页

2020 年		凭证		摘要	职工薪酬	差旅费	折旧费	办公费	招待费	其他	合计
月	日	字	号								
7	5	现付	5	发放工资	66 000						66 000
	8	现付	2	付招待费					500		66 500
	……	……	……	……	……	……	……	……	……	……	……
	31	转	8	结转至利润	66 000	3 500	1 200	800	1 000	200	72 700
	31			本月合计	0	0	0	0	0	0	0

五、实验资料

（一）甜城机床有限责任公司 2020 年 8 月期初余额表

甜城机床有限责任公司 2020 年 8 月期初余额表见表 4－7。

表 4－7 甜城机床有限责任公司 2020 年 8 月期初余额表 单位：元

科目名称	余额方向	计量	期初余额
库存现金	借		5 000
银行存款	借		125 000
应收账款——志新公司	借		30 000
其他应收款——李同	借		2 000

表4－7(续)

科目名称	余额方向	计量	期初余额
原材料——圆钢	借	3 500 元/吨	7 000
库存商品	借		
压力机（C_2 型）	借	9 000 元/台	90 000
皮革机（A_1 型）	借	6 500 元/台	65 000
固定资产	借		221 000
累计折旧	贷		45 000
短期借款	贷		55 000
实收资本——大洋集团	贷		300 000
利润分配——未分配利润	贷		145 000

（二）甜城机床有限责任公司(一般纳税人)2020 年 8 月发生的经济业务

说明：①下面仅节选了该公司当月部分经济业务，为账簿的“演示”设置与登记做准备；加之本书篇幅所限，此处不再列示相关原始凭证。②在每一笔经济业务文字描述后面标示出了相应的专用记账凭证编号，以方便读者对应查看。

（1）3 日，公司办公室购买了 500 元的办公用品，以现金支付。(现付字第 1 号)

（2）5 日，财务部从银行提取现金 8 000 元，作为备用金。(银付字第 1 号)

（3）6 日，收到大洋集团投资资金 170 000 元，银行转来进账单。(银收字第 1 号)

（4）7 日，购买圆钢（Φ28 毫米）10 吨，每吨 3 500 元，增值税税率 13%，款项以银行存款支付，已由 1 号仓库验收入库。(银付字第 2 号)

（5）11 日，银行转来志新有限责任公司偿还前欠货款 30 000 元的进账单。(银收字第 2 号)

（6）13 日，销售给连京有限责任公司的 A_1 型皮革机 6 台已由 2 号仓库出库，单价 7 000 元，增值税税率 13%，货款收存银行。(银收字第 3 号)

（7）16 日，李同出差归来（出差时预借 2 000 元），报销差旅费 2 000 元。(转字第 1 号)

（8）23 日，销售给智宏有限责任公司的 C_2 型压力机 7 台已由 3 号仓库出库，每台 10 000 元，增值税税率 13%，货款尚未收到。(转字第 2 号)

（9）25 日，刘大江向财务部预借现金 1 000 元，做差旅费之用。(现付字第 2 号)

（10）31 日，结转本月已销售皮革机和压力机的商品成本。(转字第 3 号)

（11）31 日，结转收入和费用。(转字第 4 $\frac{1}{2}$号、转字第 4 $\frac{2}{2}$号)

（12）31 日，计算并结转本月应交所得税为 1 875 元。（转字第 $5\frac{1}{2}$ 号、转字第 $5\frac{2}{2}$ 号）

（13）31 日，结转本年利润。（转字第 6 号）

（三）根据资料（二）填制专用记账凭证

甜城机床有限责任公司 2020 年 8 月填制的专用记账凭证见表 4－8 至表 4－22。

特别说明：由于未给出原始凭证，因此附件张数略。

表 4－8　付款凭证

贷方科目：库存现金　　　　2020 年 8 月 3 日　　　　现付字第 1 号

摘要	借方科目		记账	金额										
	一级科目	明细科目	√	千	百	十	万	千	百	十	元	角	分	
购办公用品	管理费用	办公费							5	0	0	0	0	附件
														张
合　计								¥	5	0	0	0	0	

会计主管：陈涛　　记账：王强　　出纳：李敏　　审核：刘东　　制单：张其

表 4－9　付款凭证

贷方科目：银行存款　　　　2020 年 8 月 5 日　　　　银付字第 1 号

摘要	借方科目		记账	金额										
	一级科目	明细科目	√	千	百	十	万	千	百	十	元	角	分	
提现备用	库存现金							8	0	0	0	0	0	附件
														张
合　计							¥	8	0	0	0	0	0	

会计主管：陈涛　　记账：王强　　出纳：李敏　　审核：刘东　　制单：张其

表 4－10　收款凭证

借方科目：银行存款　　　　2020 年 8 月 6 日　　　　银收字第 1 号

摘要	贷方科目		记账	金额										
	一级科目	明细科目	√	千	百	十	万	千	百	十	元	角	分	
收到大洋集团投资	实收资本	大洋集团				1	7	0	0	0	0	0	0	附件
														张
合　计					¥	1	7	0	0	0	0	0	0	

会计主管：陈涛　　记账：王强　　出纳：李敏　　审核：刘东　　制单：张其

表 4－11　付款凭证

贷方科目：银行存款　　　　2020 年 8 月 7 日　　　　银付字第 2 号

摘　要	借方科目		记账√	金额									
	一级科目	明细科目		千	百	十	万	千	百	十	元	角	分
购材料	原材料	圆钢					3	5	0	0	0	0	0
	应交税费	应交增值税（进项税额）						4	5	5	0	0	0
合　计						¥	3	9	5	5	0	0	0

附件　张

会计主管：陈涛　　记账：王强　　出纳：李敏　　审核：刘东　　制单：张其

表 4－12　收款凭证

借方科目：银行存款　　　　2020 年 8 月 11 日　　　　银收字第 2 号

摘　要	贷方科目		记账√	金额									
	一级科目	明细科目		千	百	十	万	千	百	十	元	角	分
收回前欠货款	应收账款	志新公司					3	0	0	0	0	0	0
合　计						¥	3	0	0	0	0	0	0

附件　张

会计主管：陈涛　　记账：王强　　出纳：李敏　　审核：刘东　　制单：张其

表 4－13　收款凭证

借方科目：银行存款　　　　2020 年 8 月 13 日　　　　银收字第 3 号

摘　要	贷方科目		记账√	金额									
	一级科目	明细科目		千	百	十	万	千	百	十	元	角	分
销售商品	主营业务收入	A_1 型皮革机					4	2	0	0	0	0	0
	应交税费	应交增值税（销项税额）						5	4	6	0	0	0
合　计						¥	4	7	4	6	0	0	0

附件　张

会计主管：陈涛　　记账：王强　　出纳：李敏　　审核：刘东　　制单：张其

表 4－14　转账凭证

2020 年 8 月 16 日　　　　转字第 1 号

摘要	一级科目	明细科目	借方金额										贷方金额										记账√
			千	百	十	万	千	百	十	元	角	分	千	百	十	万	千	百	十	元	角	分	
报销差旅费	管理费用	差旅费					2	0	0	0	0	0											
	其他应收款	李同															2	0	0	0	0	0	
合　计						¥	2	0	0	0	0	0				¥	2	0	0	0	0	0	

附件　张

会计主管：陈涛　　记账：王强　　出纳：　　审核：刘东　　制单：张其

表 4－15　转账凭证

2020 年 8 月 23 日　　　　转字第 2 号

摘要	一级科目	明细科目	借方金额										贷方金额										记账√
			千	百	十	万	千	百	十	元	角	分	千	百	十	万	千	百	十	元	角	分	
销售商品	应收账款	智宏公司				7	9	1	0	0	0	0											
	主营业务收入	C_2 型压力机														7	0	0	0	0	0	0	
	应交税费	应交增值税（销项税额）															9	1	0	0	0	0	
合　计					¥	7	9	1	0	0	0	0			¥	7	9	1	0	0	0	0	

附件　张

会计主管：陈涛　　记账：王强　　出纳：　　审核：刘东　　制单：张其

表 4－16　付款凭证

贷方科目：库存现金　　2020 年 8 月 25 日　　现付字第 2 号

摘　要	借方科目		记账√	金额									
	一级科目	明细科目		千	百	十	万	千	百	十	元	角	分
预借差旅费	其他应收款	刘大江						1	0	0	0	0	0
合　计							¥	1	0	0	0	0	0

附件　张

会计主管：陈涛　　记账：王强　　出纳：李敏　　审核：刘东　　制单：张其

表 4-17 转账凭证

2020 年 8 月 31 日　　转字第 3 号

摘要	一级科目	明细科目	借方金额										贷方金额										记账√
			千	百	十	万	千	百	十	元	角	分	千	百	十	万	千	百	十	元	角	分	
结转商品销售成本	主营业务成本				1	0	2	0	0	0	0	0											
	库存商品	A_1 型皮革机														3	9	0	0	0	0	0	
		C_2 型压力机														6	3	0	0	0	0	0	
合　计				¥	1	0	2	0	0	0	0	0		¥	1	0	2	0	0	0	0	0	

附件　张

会计主管：陈涛　　记账：王强　　出纳：　　审核：刘东　　制单：张其

表 4-18 转账凭证

2020 年 8 月 31 日　　转字第 $4\frac{1}{2}$ 号

摘要	一级科目	明细科目	借方金额										贷方金额										记账√
			千	百	十	万	千	百	十	元	角	分	千	百	十	万	千	百	十	元	角	分	
结转收入	主营业务收入				1	1	2	0	0	0	0	0											
	本年利润														1	1	2	0	0	0	0	0	
合　计				¥	1	1	2	0	0	0	0	0		¥	1	1	2	0	0	0	0	0	

附件　张

会计主管：陈涛　　记账：王强　　出纳：　　审核：刘东　　制单：张其

表 4-19 转账凭证

2020 年 8 月 31 日　　转字第 $4\frac{2}{2}$ 号

摘要	一级科目	明细科目	借方金额										贷方金额										记账√
			千	百	十	万	千	百	十	元	角	分	千	百	十	万	千	百	十	元	角	分	
结转成本	本年利润				1	0	4	5	0	0	0	0											
	主营业务成本														1	0	2	0	0	0	0	0	
	管理费用																2	5	0	0	0	0	
合　计				¥	1	0	4	5	0	0	0	0		¥	1	0	4	5	0	0	0	0	

附件　张

会计主管：陈涛　　记账：王强　　出纳：　　审核：刘东　　制单：张其

表 4-20 转账凭证

2020 年 8 月 31 日　　　　转字第 5 $\frac{1}{2}$ 号

摘要	一级科目	明细科目	借方金额										贷方金额										记账√
			千	百	十	万	千	百	十	元	角	分	千	百	十	万	千	百	十	元	角	分	
计算所得税	所得税费用						1	8	7	5	0	0											
	应交税费	应交所得税															1	8	7	5	0	0	
合　计						¥	1	8	7	5	0	0				¥	1	8	7	5	0	0	

附件　张

会计主管：陈涛　　记账：王强　　出纳：　　审核：刘东　　制单：张其

表 4-21 转账凭证

2020 年 8 月 31 日　　　　转字第 5 $\frac{2}{2}$ 号

摘要	一级科目	明细科目	借方金额										贷方金额										记账√
			千	百	十	万	千	百	十	元	角	分	千	百	十	万	千	百	十	元	角	分	
结转所得税费用	本年利润						1	8	7	5	0	0											
	所得税费用																1	8	7	5	0	0	
合　计						¥	1	8	7	5	0	0				¥	1	8	7	5	0	0	

附件　张

会计主管：陈涛　　记账：王强　　出纳：　　审核：刘东　　制单：张其

表 4-22 转账凭证

2020 年 8 月 31 日　　　　转字第 6 号

摘要	一级科目	明细科目	借方金额										贷方金额										记账√
			千	百	十	万	千	百	十	元	角	分	千	百	十	万	千	百	十	元	角	分	
结转本年利润	本年利润						5	6	2	5	0	0											
	利润分配	未分配利润															5	6	2	5	0	0	
合　计						¥	5	6	2	5	0	0				¥	5	6	2	5	0	0	

附件　张

会计主管：陈涛　　记账：王强　　出纳：　　审核：刘东　　制单：张其

(四) 根据实验资料 (三) 登记日记账

1. 登记现金日记账

现金日记账见表 4－23。

表 4－23　现金日记账　　　第　页

年		凭证		摘　要	对方科目	收　入	支　出	结　余
月	日	字	号					

2. 登记银行存款日记账

银行存款日记账见表 4－24。

表 4－24　银行存款日记账

第 1 页

年		凭证		摘　要	现金支票号数	转账支票号数	收　入	支　出	结　余
月	日	字	号						

（五）根据实验资料（三），采用平行登记法登记总分类账和明细分类账

采用平行登记法登记的总分类账和明细分类账见表 4－25 至表 4－52。

表 4－25　总分类账

账户名称：库存现金　　　　第　页

年		凭证		摘　要	收入	支出	借或贷	结余
月	日	字	号					

表 4－26　总分类账

账户名称：银行存款　　　　第　页

年		凭证		摘　要	收入	支出	借或贷	结余
月	日	字	号					

表 4－27　总分类账

账户名称：管理费用　　　　第　页

年		凭证		摘　要	借方	贷方	借或贷	结余
月	日	字	号					

表 4－28　<u>管理费用</u>　明细分类账

第　页

年		凭证		摘　要	职工薪酬	差旅费	折旧费	办公费	招待费	其他	合计
月	日	字	号								

表 4－29　总分类账

账户名称：实收资本　　　　第　页

年		凭证		摘　要	借方	贷方	借或贷	余额
月	日	字	号					

表 4－30　<u>实收资本</u>　明细分类账

明细账户名称：大洋集团　　　　第　页

年		凭证		摘　要	借方	贷方	借或贷	余额
月	日	字	号					

表 4－31　总分类账

账户名称：原材料　　　　第　页

年		凭证		摘　要	借方	贷方	借或贷	余额
月	日	字	号					

表 4－32　原材料　明细分类账

类别：圆钢　　　　编号：001

品名（规格）：Φ28mm　　　　存放地点：1 号库

储备定额：25 吨　　　　计量单位：吨

年		凭证		摘　要	收入			发出			结存		
月	日	字	号		数量	单价	金额	数量	单价	金额	数量	单价	金额

表 4－33　总分类账

账户名称：应交税费　　　　第　页

年		凭证		摘　要	借方	贷方	借或贷	余额
月	日	字	号					

表 4－34　应交税费　明细分类账

明细账户名称：应交增值税　　　　　　　　　　　　　第　　页

年		凭证		摘　要	借方	贷方	借或贷	余额
月	日	字	号					

表 4－35　应交税费　明细分类账

明细账户名称：应交所得税　　　　　　　　　　　　　第　　页

年		凭证		摘　要	借方	贷方	借或贷	余额
月	日	字	号					

表 4－36　总分类账

账户名称：应收账款　　　　　　　　　　　　　第　　页

年		凭证		摘　要	借方	贷方	借或贷	余额
月	日	字	号					

表 4－37　<u>应收账款</u>　明细分类账

明细账户名称：志新公司　　　　　　　　　　　　　第　　页

年		凭证		摘　要	借方	贷方	借或贷	余额
月	日	字	号					

表 4－38　<u>应收账款</u>　明细分类账

明细账户名称：智宏公司　　　　　　　　　　　　　第　　页

年		凭证		摘　要	借方	贷方	借或贷	余额
月	日	字	号					

表 4－39　总分类账

账户名称：主营业务收入　　　　　　　　　　　　　第　页

年		凭证		摘　要	借方	贷方	借或贷	余额
月	日	字	号					

表 4－40　主营业务收入　明细分类账

第　　页

年		凭证		摘　要	皮革机	压力机					合计
月	日	字	号								

表 4－41　总分类账

账户名称：其他应收款

第　页

年		凭证		摘　要	借方	贷方	借或贷	余额
月	日	字	号					

表 4－42　其他应收款　明细分类账

明细账户名称：李同

第　　页

年		凭证		摘　要	借方	贷方	借或贷	余额
月	日	字	号					

表 4－43 其他应收款 明细分类账

明细账户名称：刘大江 第 页

年		凭证		摘 要	借方	贷方	借或贷	余额
月	日	字	号					

表 4－44 总分类账

账户名称：主营业务成本 第 页

年		凭证		摘 要	借方	贷方	借或贷	余额
月	日	字	号					

表 4－45 主营业务成本 明细分类账

第 页

年		凭证		摘 要	皮革机	压力机					合计
月	日	字	号								

表 4－46　总分类账

账户名称：库存商品　　　　　　　　　　　　　　　　　　　　第　页

年		凭证		摘　要	借方	贷方	借或贷	余额
月	日	字	号					

表 4－47　库存商品　明细分类账

类别：皮革机　　　　　　　　　　　　　　　　　　编号：TCJC－01

品名（规格）：A_1 型　　　　　　　　　　　　　　存放地点：2 号库

储备定额：30 台　　　　　　　　　　　　　　　　计量单位：台

年		凭证		摘　要	收入			发出			结存		
月	日	字	号		数量	单价	金额	数量	单价	金额	数量	单价	金额

表 4－48　库存商品　明细分类账

类别：压力机　　　　　　　　　　　　　　　　　　编号：TCJC－02

品名（规格）：C_2 型　　　　　　　　　　　　　　存放地点：3 号库

储备定额：32 台　　　　　　　　　　　　　　　　计量单位：台

年		凭证		摘　要	收入			发出			结存		
月	日	字	号		数量	单价	金额	数量	单价	金额	数量	单价	金额

表 4－49　总分类账

账户名称：所得税费用　　　　　　　　　　　　　　第　页

年		凭证		摘　要	借方	贷方	借或贷	余额
月	日	字	号					

表 4－50　总分类账

账户名称：本年利润　　　　　　　　　　　　　　第　页

年		凭证		摘　要	借方	贷方	借或贷	余额
月	日	字	号					

表 4－51　总分类账

账户名称：利润分配　　　　　　　　　　　　　　第　页

年		凭证		摘　要	借方	贷方	借或贷	余额
月	日	字	号					

表 4－52　利润分配　明细分类账

第　页

年		凭证		摘　要	未分配利润	提取法定盈余公积	提取任意盈余公积	合计
月	日	字	号					

六、实验报告

（1）实验内容。

（2）实验中的问题及解决方法。

（3）实验体会及建议。

第五章　会计报表编制实验

一、实验目的

实验目的是通过实验使学生熟悉会计报表的编制程序，掌握资产负债表、利润表的编制方法，独立完成资产负债表、利润表的编制。

二、实验要求

实验要求是理解资产负债表、利润表的编制原理，根据账户的相关资料编制资产负债表、利润表。

三、会计报表编制与报送要求

（一）会计报表编制要求

（1）会计报表应当根据登记完整、核对无误的会计账簿记录和其他有关资料编制，做到数字真实、计算准确、内容完整、说明清楚。

（2）会计报表之间、会计报表各项目之间，凡有对应关系的数字，应当相互一致。本期会计报表与上期会计报表之间有关的数字应当相互衔接。

（二）会计报表报送要求

（1）各单位应当按照国家规定的期限对外报送财务报告。

（2）对外报送的财务报告，应当依次编定页码，加具封面，装订成册，加盖公章。封面上应当注明：单位名称，单位地址，财务报告所属年度、季度、月度，送出日期，并由单位领导人、总会计师、会计机构负责人、会计主管人员签名或者盖章。

四、会计报表编制方法讲解

（一）资产负债表的编制方法

1. “上年年末余额”的填列方法

“上年年末余额”栏内各项目数字，应根据上年年末资产负债表“期末余额”栏内所列数字填列。如果本年度资产负债表规定的各个项目的名称和内容同上年度不相一致，应对上年年末资产负债表各项目的名称和数字按本年度的规定进行调整，按调整后的数字填入本表“上年年末余额”栏内。

2. “期末余额”的填列方法

（1）根据总账账户期末余额直接填列。

例如，固定资产清理、长期待摊费用、递延所得税资产、短期借款、应付票据、应付职工薪酬、应交税费、应付利息、应付股利、其他应付款、递延所得税负债、实收资本、资本公积、盈余公积等项目，应当根据相关总账账户的期末余额直接填列。

（2）根据总账账户期末余额计算分析填列。

例如，“货币资金”项目，应当根据“库存现金”“银行存款”“其他货币资金”等账户期末余额合计填列。

（3）根据明细账户期末余额分析计算填列。

例如，“应收账款”项目 =（应收账款 + 预收账款）明细账借方合计 − 坏账准备（关于应收账款的部分）；“预收账款”项目 =（应收账款 + 预收账款）明细账贷方合计；“应付账款”项目 =（应付账款 + 预付账款）明细账贷方合计；“预付账款”项目 =（应付账款 + 预付账款）明细账借方合计。

（4）根据总账账户和明细账户期末余额分析计算填列。

例如，“长期应收款”项目，应当根据“长期应收款”总账账户余额，减去“未实现融资收益”总账账户余额，再减去“长期应收款”所属相关明细账户中将于一年内到期的部分填列；“长期借款”项目，应当根据“长期借款”总账账户期末余额，扣除“长期借款”账户所属明细账户中反映的将于一年内到期的部分填列。

（5）根据总账账户减去其备抵账户抵消后的净额填列。

例如，“存货”项目，应当根据“在途物资”“原材料”“生产成本”“库存商品”“发出商品”“周转材料”等账户期末余额，减去“存货跌价准备”账户期末余额后的金额填列；“固定资产”项目，应当根据“固定资产”账户期末余额，减去“累计折旧”“固定资产减值准备”等账户期末余额后的金额填列。

（二）利润表的编制方法

（1）“本期金额”栏反映各项目的本期实际发生数。如果上年度利润表的项目名称和内容与本年度利润表不相一致，应对上年度利润表项目的名称和数字按本年度的规定进行调整，填入报表的“上期金额”栏。

（2）报表中各项目主要根据各损益类账户的发生额分析填列。

五、实验资料

东桐机床有限责任公司 2020 年 9 月 30 日编制的试算平衡表如表 5－1 所示，根据试算平衡表的资料，编制东桐机床有限责任公司 2020 年 9 月 30 日资产负债表和 2020 年 9 月利润表，分别如表 5－2 和表 5－3 所示。

表 5－1　试算平衡表

2020 年 9 月 30 日　　　　单位：元

会计科目	期初余额		本期发生额		期末余额	
	借方	贷方	借方	贷方	借方	贷方
库存现金	1 000		60 600	10 000	51 600	
银行存款	1 480 000		2 500 000	1 347 500	2 632 500	
应收账款	350 000		823 000	702 000	471 000	
在途物资	80 000			70 000	10 000	
原材料	135 000		70 000	90 000	115 000	
长期股权投资	765 000		120 000		885 000	
固定资产	3 000 000		60 000	100 000	2 960 000	
无形资产	20 000			15 000	5 000	

表5－1(续)

会计科目	期初余额		本期发生额		期末余额	
	借方	贷方	借方	贷方	借方	贷方
生产成本	34 000		126 000	87 000	73 000	
库存商品	89 000		87 000	126 000	50 000	
应收票据	250 000		980 000	1 030 000	200 000	
其他应收款	12 000		20 000	16 000	16 000	
短期借款		19 000	10 000	50 000		59 000
应付账款		75 500	97 500	100 000		78 000
应交税费		100 000	100 000	520 150		520 150
应付职工薪酬		565 000	200 000	120 000		485 000
应付票据		400 000	110 000			290 000
长期借款		600 000				600 000
实收资本		2 180 000				2 180 000
资本公积		456 500				456 500
盈余公积		600 000		93 045		693 045
利润分配		220 000		837 405		1 057 405
累计折旧		1 000 000	10 000	60 000		1 050 000
主营业务收入			4 200 000	4 200 000		
其他业务收入			86 000	86 000		
投资收益			32 000	32 000		
营业外收入			5 000	5 000		
主营业务成本			2 600 000	2 600 000		
其他业务成本			41 000	41 000		
税金及附加			210 000	210 000		
管理费用			165 000	165 000		
财务费用			36 000	36 000		
销售费用			18 400	18 400		
营业外支出			12 000	12 000		
所得税费用			310 150	310 150		
合 计	6 216 000	6 216 000	13 089 650	13 089 650	7 469 100	7 469 100

表 5－2　资产负债表

会企 01 表

编制单位：　　　　　　　　____年____月____日　　　　　　　　单位：元

资产	期末余额	上年年末余额	负债和所有者权益（或股东权益）	期末余额	上年年末余额
流动资产：			流动负债：		
货币资金			短期借款		
以公允价值计量且其变动计入当期损益的金融资产			以公允价值计量且其变动计入当期损益的金融负债		
衍生金融资产			衍生金融负债		
应收票据			应付票据		
应收账款			应付账款		
预付款项			预收款项		
应收利息			应付职工薪酬		
应收股利			应交税费		
其他应收款			应付利息		
存货			应付股利		
持有待售资产			其他应付款		
一年内到期的非流动资产			持有待售负债		
其他流动资产			一年内到期的非流动负债		
流动资产合计			其他流动负债		
非流动资产：			流动负债合计		
债权投资			非流动负债：		
其他债权投资			长期借款		
长期应收款			应付债券		
长期股权投资			其中：优先股		
其他权益工具投资			永续债		
投资性房地产			长期应付款		
固定资产			专项应付款		
在建工程			预计负债		
工程物资			递延收益		
固定资产清理			递延所得税负债		
生产性生物资产			其他非流动负债		
油气资产			非流动负债合计		
无形资产			负债合计		
开发支出			所有者权益(或股东权益)：		
商誉			实收资本（或股本）		

表5－2(续)

资产	期末余额	上年年末余额	负债和所有者权益（或股东权益）	期末余额	上年年末余额
长期待摊费用			其他权益工具		
递延所得税资产			其中：优先股		
其他非流动资产			永续债		
非流动资产合计			资本公积		
			减：库存股		
			其他综合收益		
			盈余公积		
			未分配利润		
			所有者权益(或股或权益)合计		
资产总计			负债和所有者权益（或股东权益）总计		

表5－3　利润表

会企02表

编制单位：　　　　　　　　____年____月　　　　　　　　单位：元

项目	本期金额	上期金额
一、营业收入		
减：营业成本		
税金及附加		
销售费用		
管理费用		
财务费用		
资产减值损失		
加：公允价值变动收益（损失以“－”号填列）		
投资收益（损失以“－”号填列）		
其中：对联营企业和合营企业的投资收益		
资产处置收益（损失以“－”号填列）		
其他收益		
二、营业利润（亏损以“－”号填列）		
加：营业外收入		
减：营业外支出		

表5－3(续)

项目	本期金额	上期金额
三、利润总额（亏损总额以“－”号填列）		
减：所得税费用		
四、净利润（净亏损以“－”号填列）		
（一）持续经营净利润（净亏损以“－”号填列）		
（二）终止经营净利润（净亏损以“－”号填列）		
五、其他综合收益的税后净额		
（一）以后不能重分类进损益的其他综合收益		
1. 重新计量设定受益计划净负债或净资产的变动		
2. 权益法下在被投资单位不能重分类进损益的其他综合收益中享有的份额		
……		
（二）以后将重分类进损益的其他综合收益		
1. 权益法下在被投资单位以后将重分类进损益的其他综合收益中享有的份额		
2. 可供出售金融资产公允价值变动损益		
3. 持有至到期投资重分类为可供出售金融资产损益		
4. 现金流量套期损益的有效部分		
5. 外币财务报表折算差		
……		
六、综合收益总额		
七、每股收益：		
（一）基本每股收益		
（二）稀释每股收益		

六、实验报告

（1）实验内容。

（2）实验中的问题及解决方法。

（3）实验体会及建议。

第六章　综合实验

一、实验目的

实验目的是在各专项实验训练的基础上，综合运用基础会计学课程所学习的基本知识、基本方法、基本技能，训练学生较为完整、系统的会计核算思路，提高会计核算技能。

二、实验要求

该综合实验模拟了一个公司会计工作的循环，提供了模拟公司12月下旬所发生的部分交易、事项的有关原始凭证。所提供的原始凭证是当前会计工作实务的高度仿真，模拟公司纯属虚构，所有图章均为实验模拟图章。为了满足会计实验课堂教学的需要，实验内容分成了相对独立的四个模块。在教学过程中，可以根据学时安排按照四个阶段依次完成。

（1）根据原始凭证及有关资料，编制相关业务的记账凭证。

（2）根据记账凭证，登记现金日记账、银行存款日记账和有关账户的明细分类账。

（3）根据填制的记账凭证编制科目汇总表，根据科目汇总表登记总分类账。

（4）根据月末总分类账和明细分类账等资料编制资产负债表和利润表。

三、实验资料

(一) 模拟公司基本情况

(1) 企业名称：甜城机械有限责任公司。

(2) 主要产品：鼓风机、电动机。

(3) 开户银行及账号：工行甜城市大千支行，2307484103128508067。

(4) 纳税人类型及税务登记号：增值税一般纳税人，560305100350036。

(5) 机构设置：厂部、生产车间、专设销售机构。

(6) 核算方式：厂部集中核算。

(7) 公司地址：四川省甜城市大千路288号。

(二) 模拟公司会计核算的有关规定

1. 模拟公司常用的会计科目

模拟公司常用的会计科目见表6-1。

表6-1 模拟公司常用的会计科目

顺序号	编号	会计科目名称	顺序号	编号	会计科目名称
		一、资产类	28	2 221	应交税费
1	1 001	库存现金	29	2 231	应付利息
2	1 002	银行存款	30	2 241	其他应付款
3	1 121	应收票据	31	2 501	长期借款
4	1 122	应收账款			三、所有者权益类
5	1 123	预付账款	32	4 001	实收资本
6	1 132	应收利息	33	4 002	资本公积
7	1 221	其他应收款	34	4 101	盈余公积
8	1 231	坏账准备	35	4 103	本年利润
9	1 401	在途物资	36	4 104	利润分配
11	1 403	原材料			四、成本类
12	1 405	库存商品	37	5 001	生产成本
13	1 511	长期股权投资	38	5 101	制造费用
14	1 601	固定资产			五、损益类
15	1 602	累计折旧	39	6 001	主营业务收入
16	1 604	在建工程	40	6 051	其他业务收入

表6－1(续)

顺序号	编号	会计科目名称	顺序号	编号	会计科目名称
17	1 605	工程物资	41	6 111	投资收益
18	1 606	固定资产清理	42	6 301	营业外收入
19	1 701	无形资产	43	6 401	主营业务成本
20	1 702	累计摊销	44	6 402	其他业务成本
21	1 801	长期待摊费用	45	6 403	税金及附加
22	1 901	待处理财产损益	46	6 601	销售费用
		二、负债类	47	6 602	管理费用
23	2 001	短期借款	48	6 603	财务费用
24	2 201	应付票据	49	6 701	资产减值损失
25	2 202	应付账款	50	6 711	营业外支出
26	2 203	预收账款	51	6 801	所得税费用
27	2 211	应付职工薪酬	52	6 901	以前年度损益调整

2. 模拟公司会计核算形式

模拟公司采用科目汇总表会计核算形式，工作原理如图6－1所示。

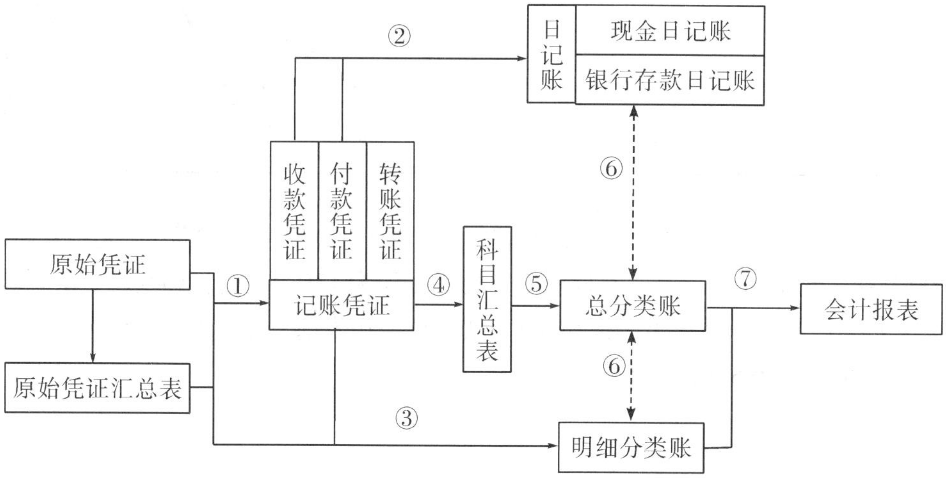

图6－1　科目汇总表账务处理程序核算步骤示意图

3. 存货的盘存制度及收发的计价

原材料、库存商品采用永续盘存制，均按实际成本核算，采用先进先出法计价。

4. 资产减值准备的计提

模拟公司对资产暂不计提资产减值准备。

实验模块Ⅰ 通用记账凭证的填制

（一）实验资料

甜城机械有限责任公司2020年12月21日至12月31日发生的部分交易、事项及其原始凭证如下：

1. 21日，收到万达机床贸易公司所欠货款35 100元。进账单（收账通知）见表6－2。

表6－2 中国工商银行进账单（收账通知）

2020年12月21日

<table>
<tr><td rowspan="3">出票人</td><td>全　称</td><td colspan="2">万达机床贸易公司</td><td rowspan="3">收款人</td><td colspan="2">全　称</td><td colspan="11">甜城机械有限责任公司</td></tr>
<tr><td>账　号</td><td colspan="2">（略）</td><td colspan="2">账　号</td><td colspan="11">2307484103128508067</td></tr>
<tr><td>开户银行</td><td colspan="2">（略）</td><td colspan="2">开户银行</td><td colspan="11">工行甜城市大千支行</td></tr>
<tr><td rowspan="2">金额</td><td colspan="6" rowspan="2">人民币
（大写）叁万伍仟壹佰元整</td><td>亿</td><td>千</td><td>百</td><td>十</td><td>万</td><td>千</td><td>百</td><td>十</td><td>元</td><td>角</td><td>分</td></tr>
<tr><td></td><td></td><td></td><td>¥</td><td>3</td><td>5</td><td>1</td><td>0</td><td>0</td><td>0</td><td>0</td></tr>
<tr><td colspan="2">票据种类</td><td>（略）</td><td>票据张数</td><td colspan="2">（略）</td><td colspan="12" rowspan="3">工行甜城市大千支行
2020.12.21
实验模拟
收款人开户银行签章</td></tr>
<tr><td colspan="2">票据号码</td><td colspan="4">（略）</td></tr>
<tr><td colspan="6">复核　　记账</td></tr>
</table>

此联是收款人开户银行交给收款人的收款通知

2. 21日，向前进机械有限公司购进甲材料1 000千克，单价40元；乙材料1 000千克，单价15元。甲、乙材料增值税税率均为13%，材料已验收入库，款项尚未支付。增值税专用发票（抵扣联）、增值税专用发票（发票联）及材料入库单分别见表6－3、表6－4和表6－5。

表 6－3　增值税专用发票（抵扣联）

四川增值税专用发票

№ 02297289

抵扣联　　开票日期：2020 年 12 月 21 日

<table>
<tr><td>购货单位</td><td colspan="5">名称：甜城机械有限责任公司
纳税人识别号：（略）
地 址、电 话：（略）
开户行及账号：工行甜城市大千支行 2307484103128508067</td><td>密码区</td><td colspan="2">（略）</td></tr>
<tr><td colspan="2">货物或应税劳务名称
甲材料
乙材料
合计</td><td>规格型号</td><td>单位
kg
kg</td><td>数量
1 000
1 000</td><td>单价
40
15</td><td>金额
40 000
15 000
55 000</td><td>税率
13%
13%</td><td>税额
5 200
1 950
7 150</td></tr>
<tr><td colspan="2">价税合计（大写）</td><td colspan="7">陆万贰仟壹佰伍拾元整　　（小写）￥62 150.00</td></tr>
<tr><td>销货单位</td><td colspan="5">名　　称：前进机械有限公司
纳税人识别号：（略）
地 址、电 话：（略）
开户行及账号：（略）</td><td>备注</td><td colspan="2"></td></tr>
</table>

第二联：抵扣联　购货方扣税凭证

收款人：李伟　　复核：王达　　开票人：刘冬　　销货单位：（章）

表 6－4　增值税专用发票（发票联）

四川增值税专用发票

№ 02297289

发票联　　开票日期：2020 年 12 月 21 日

<table>
<tr><td>购货单位</td><td colspan="5">名称：甜城机械有限责任公司
纳税人识别号：（略）
地 址、电 话：（略）
开户行及账号：工行甜城市大千支行 2307484103128508067</td><td>密码区</td><td colspan="2">（略）</td></tr>
<tr><td colspan="2">货物或应税劳务名称
甲材料
乙材料
合计</td><td>规格型号</td><td>单位
kg
kg</td><td>数量
1 000
1 000</td><td>单价
40
15</td><td>金额
40 000
15 000
55 000</td><td>税率
13%
13%</td><td>税额
5 200
1 950
7 150</td></tr>
<tr><td colspan="2">价税合计（大写）</td><td colspan="7">陆万贰仟壹佰伍拾元整　　（小写）￥62 150.00</td></tr>
<tr><td>销货单位</td><td colspan="5">名　　称：前进机械有限公司
纳税人识别号：（略）
地 址、电 话：（略）
开户行及账号：（略）</td><td>备注</td><td colspan="2"></td></tr>
</table>

第三联：发票联　购货方记账凭证

收款人：李伟　　复核：王达　　开票人：刘冬　　销货单位：（章）

表 6－5　材料入库单

供货单位：前进机械有限公司　　　　凭证编号：12－25

收料日期：2020 年 12 月 21 日　　　　收料仓库：1 号仓库

材料类别	材料编号	材料名称及规格	计量单位	数量		金额			
				应收	实收	单价	买价	运杂费	合计
		甲材料	kg	1 000	1 000	40	40 000		40 000
		乙材料	kg	1 000	1 000	15	15 000		15 000
备注：						合 计			55 000

② 记账联

采购员：李峰　　　　仓库验收：王力

3. 21 日，支付本季度银行短期借款利息 4 500 元（本季度前两月已预提短期借款利息 3 000 元）。存（贷）款利息回单见表 6－6。

表 6－6　中国工商银行存（贷）款利息回单

币种：人民币　　　　单位：元　　　　2020 年 12 月 21 日

付款人	户名	甜城机械有限责任公司	收款人	户名	工行甜城市大千支行
	账号	2307484103128508067		账号	（略）
实收（付）金额		4 500. 00	计息户账号		2307484103128508067
借据编号			借据序号		
备注	起息日期	止息日期	积数/息余	利率	利息
	2020－9－21	2020－12－20			4 500. 00
	调整利息：		冲正利息：		
	应收（付）利息合计：4 500. 00				

工行甜城市大千支行 实验模拟 2020.12.21 业务清讫

银行章：　　　　经办人：

4. 21 日，收到本季度银行存款利息 1 200 元（本季度前两月已预计利息 800 元）。存（贷）款利息回单见表 6－7。

表 6－7 中国工商银行存（贷）款利息回单

币种：人民币　　　　单位：元　　　　2020 年 12 月 21 日

<table>
<tr><td rowspan="2">付款人</td><td>户名</td><td colspan="2">工行甜城市大千支行</td><td rowspan="2">收款人</td><td>户名</td><td colspan="2">甜城机械有限责任公司</td></tr>
<tr><td>账号</td><td colspan="2">（略）</td><td>账号</td><td colspan="2">2307484103128508067</td></tr>
<tr><td colspan="2">实收（付）金额</td><td colspan="2">1 200.00</td><td colspan="2">计息户账号</td><td colspan="2">2307484103128508067</td></tr>
<tr><td colspan="2">借据编号</td><td colspan="2"></td><td colspan="2">借据序号</td><td colspan="2"></td></tr>
<tr><td rowspan="4">备注</td><td>起息日期</td><td>止息日期</td><td colspan="2">积数/息余</td><td colspan="2">利率</td><td>利息</td></tr>
<tr><td>2020－9－21</td><td>2020－12－20</td><td colspan="2"></td><td colspan="2"></td><td>1 200.00</td></tr>
<tr><td colspan="3">调整利息：</td><td colspan="4">冲正利息：</td></tr>
<tr><td colspan="7">应收（付）利息合计：1 200.00</td></tr>
</table>

工行甜城市大千支行 实验模拟 2020.12.21 业务清讫

银行章：　　　　经办人：

5. 22 日，采购员李峰报销差旅费 2 850 元，退回多余现金 150 元。差旅费报销单见表 6－8。

表 6－8 差旅费报销单

2020 年 12 月 22 日　　　　附单据 15 张

<table>
<tr><td colspan="15">出差事由：采购材料</td></tr>
<tr><td colspan="2">起日</td><td colspan="2">止日</td><td rowspan="2">起止地点</td><td rowspan="2">车船费</td><td rowspan="2">住宿费</td><td colspan="3">市内交通、电话补助</td><td colspan="3">生活补助</td><td rowspan="2" colspan="2">合计</td></tr>
<tr><td>月</td><td>日</td><td>月</td><td>日</td><td>天数</td><td>标准</td><td>金额</td><td>天数</td><td>标准</td><td>金额</td></tr>
<tr><td>12</td><td>17</td><td>12</td><td>21</td><td>甜城↔北京</td><td>2 000</td><td>500</td><td>5</td><td>30</td><td>150</td><td>5</td><td>40</td><td>200</td><td colspan="2">2 850</td></tr>
<tr><td></td><td></td><td></td><td></td><td></td><td></td><td></td><td></td><td></td><td></td><td></td><td></td><td></td><td colspan="2"></td></tr>
<tr><td colspan="5">小　计</td><td>2 000</td><td>500</td><td></td><td></td><td>150</td><td></td><td></td><td>200</td><td colspan="2">2 850</td></tr>
<tr><td>出差人</td><td>李峰</td><td>工作部门</td><td>采购部</td><td colspan="11">报销合计（大写）贰仟捌佰伍拾元整　¥2 850.00</td></tr>
<tr><td>原借款</td><td>3 000</td><td>报销数</td><td>2 850</td><td>长退或短补</td><td>150</td><td colspan="6">领导审批：孙家斌</td><td colspan="3">报销人：李峰</td></tr>
</table>

会计主管：　　　　记账：　　　　审核：

6. 22 日，销售产品给万达机床贸易公司，鼓风机 500 台，单价 320 元，电动机 800 台，单价 240 元，两种产品增值税税率均为 13%，收回价税款存入银行。增值税专用发票、产品出库单及电汇凭证（收款通知）分别见表 6－9、表 6－10 和表 6－11。

表 6-9　增值税专用发票

四川增值税专用发票

№ 0395888

此联不做报销、扣税凭证使用　开票日期：2020 年 12 月 22 日

购货单位	名称：万达机床贸易公司 纳税人识别号：（略） 地 址、电 话：（略） 开户行及账号：（略）				密码区	（略）	
货物或应税劳务名称	规格型号	单位	数量	单价	金额	税率	税额
鼓风机		台	500	320	160 000	13%	20 800
电动机		台	800	240	192 000	13%	24 960
合计					352 000		45 760
价税合计（大写）	叁拾玖万柒仟柒佰陆拾元整　　（小写）￥397 760.00						
销货单位	名　　称：甜城机械有限责任公司 纳税人识别号：（略） 地 址、电 话：（略） 开户行及账号：工行甜城市大千支行 230748410312850806７				备注		

收款人：黄勇　　复核：刘齐　　开票人：王伟　　销货单位：（章）

第一联：记账联　销货方记账凭证

表 6-10　产品出库单

购货单位：万达机床贸易公司　　2020 年 12 月 22 日　　№ 12-16

品名	规格	单位	数量	单价	金额								
					百	十	万	千	百	十	元	角	分
鼓风机		台	500	200		1	0	0	0	0	0	0	0
电动机		台	800	120			9	6	0	0	0	0	0
合　计					￥	1	9	6	0	0	0	0	0

②记账联

经办人：　　　　仓库保管：胡波

表 6－11 中国工商银行电汇凭证（收款通知）

委托日期 2020 年 12 月 22 日　　　　第　号

汇款人	全 称	万达机床贸易公司	收款人	全 称	甜城机械有限责任公司
	账 号	略		账号	23074841031285O8067
	汇出地点	省 市县 汇出行名称 略		汇入地点	省 市县 汇入行名称 工行甜城市大千支行

金额	人民币（大写）	千	百	十	万	千	百	十	元	角	分
	叁拾玖万柒仟柒佰陆拾元整		¥	3	9	7	7	6	0	0	0

汇款用途：购货款

工行甜城市大千支行 2020.12.22 实验模拟 转讫

收款人开户银行签章

单位主管：　　会计：　　复核：　　记账：

7．22 日，生产车间领用材料 500 000 元。其中制造鼓风机耗用甲材料 10 000 千克，每千克 40 元；乙材料 6 000 千克，每千克 15 元；车间一般耗用丙材料 500 千克，每千克 20 元。领料单见表 6－12。

表 6－12 领料单

领料单位：车间　　　　凭证编号：12－16

发料日期：2020 年 12 月 22 日　　　　发料仓库：1 号仓库

材料类别	材料编号	材料名称及规格	计量单位	数量		金额		用 途
				请领	实发	单价	金额	
		甲材料	kg	10 000	10 000	40	400 000	鼓风机
		乙材料	kg	6 000	6 000	15	90 000	鼓风机
		丙材料	kg	500	500	20	10 000	车间一般耗用
合 计							500 000	

②记账联

领料：李力胜　　　　仓库发料：王力

8．23 日，向红光机械有限公司购进丙材料 500 千克，单价 20 元，计货款 10 000 元，增值税税额 1 300 元（见表 6－13 和表 6－14），开出商业承兑汇票（见表 6－15）抵付。

表 6 - 13　增值税专用发票（抵扣联）

四川增值税专用发票

全国统一发票监制章　实验模拟　国家税务局监制

№ 02688694

抵扣联　　开票日期：2020 年 12 月 23 日

购货单位	名称：甜城机械有限责任公司 纳税人识别号：（略） 地 址、电 话：（略） 开户行及账号：工行甜城市大千支行 2307484103128508067					密码区	（略）
货物或应税劳务名称	规格型号	单位	数量	单价	金额	税率	税额
丙材料		kg	500	20	10 000	13%	1 300
合计					10 000		1 300
价税合计（大写）	壹万壹仟叁佰元整　　（小写）￥11 300.00						
销货单位	名　　称：红光机械有限公司 纳税人识别号：（略） 地 址、电 话：（略） 开户行及账号：（略）					备注	

红光机械有限公司　实验模拟　财务专用章

收款人：　　复核：谢勇　　开票人：王伟　　销货单位：（章）

第二联：抵扣联　购货方扣税凭证

表 6 - 14　增值税专用发票（发票联）

四川增值税专用发票

全国统一发票监制章　实验模拟　国家税务局监制

№ 02688694

发票联　　开票日期：2020 年 12 月 23 日

购货单位	名称：甜城机械有限责任公司 纳税人识别号：（略） 地 址、电 话：（略） 开户行及账号：工行甜城市大千支行 2307484103128508067					密码区	（略）
货物或应税劳务名称	规格型号	单位	数量	单价	金额	税率	税额
丙材料		kg	500	20	10 000	13%	1 300
合计					10 000		1 300
价税合计（大写）	壹万壹仟叁佰元整　　（小写）￥11 300.00						
销货单位	名　　称：红光机械有限公司 纳税人识别号：（略） 地 址、电 话：（略） 开户行及账号：（略）					备注	

红光机械有限公司　实验模拟　财务专用章

收款人：　　复核：谢勇　　开票人：王伟　　销货单位：（章）

第三联：发票联　购货方记账凭证

表 6－15　商业承兑汇票

签发日期（大写）：贰零贰零年壹拾贰月贰拾叁日

<table>
<tr><td rowspan="3">收款人</td><td>全　　称</td><td colspan="4">红光机械有限公司</td><td rowspan="3">付款人</td><td>全　　称</td><td colspan="9">甜城机械有限责任公司</td></tr>
<tr><td>账　　号</td><td colspan="4">（略）</td><td>账　　号</td><td colspan="9">2307484103128508067</td></tr>
<tr><td>开户银行</td><td colspan="4">（略）</td><td>开户银行</td><td colspan="9">工行甜城市大千支行</td></tr>
<tr><td rowspan="2">汇票金额</td><td colspan="7" rowspan="2">人民币
（大写）壹万壹仟叁佰元整</td><td>亿</td><td>千</td><td>百</td><td>十</td><td>万</td><td>千</td><td>百</td><td>十</td><td>元</td><td>角</td><td>分</td></tr>
<tr><td></td><td></td><td></td><td>¥</td><td>1</td><td>1</td><td>3</td><td>0</td><td>0</td><td>0</td><td>0</td></tr>
<tr><td colspan="2">汇票到期日</td><td colspan="3">2021 年 1 月 23 日</td><td colspan="2">合同号码</td><td colspan="12"></td></tr>
<tr><td colspan="8">本汇票已经本单位承兑，到期日无条件支付票款。
此致
收款人　　　　付款人
2020 年 12 月 23 日
（印章：甜城机械有限责任公司 实验模拟 财务专用章）</td><td colspan="11">汇票签发人盖章

年　月　日</td></tr>
</table>

9．23 日，公司副经理王刚出差，预借差旅费 1 000 元，以现金付讫。借款单见表 6－16。

表 6－16　借款单

2020 年 12 月 23 日　　　　顺序第 20 号

<table>
<tr><td colspan="2">借款单位：行政部</td><td>借款人：王刚</td><td>注意事项</td></tr>
<tr><td colspan="3">借款金额（大写）：壹仟元整　　　¥1 000.00</td><td rowspan="3"></td></tr>
<tr><td>借款事由</td><td>单位负责人（盖章）</td><td>报销事项</td></tr>
<tr><td>参加订货会</td><td>同意
孙家斌
2020 年 12 月 23 日</td><td>核销金额________
交回金额________
补付金额________</td></tr>
</table>

会计：　　　　出纳：　　　　领款人：王刚

10．24 日，向华洋机床贸易公司发出鼓风机 200 台，单价 320 元，增值税税率 13%，同时以现金垫付运杂费、保险费 1 800 元，已办妥托收手续。增值税专用发票、产品出库单、托收凭证（受理回单）及铁路局货票分别见表 6－17 至表 6－20。

表 6 - 17　增值税专用发票

四川增值税专用发票

全国统一发票监制章 实验模拟 国家税务局监制

№ 0395889

此联不做报销、扣税凭证使用　开票日期：2020 年 12 月 24 日

购货单位	名称：华洋机床贸易公司 纳税人识别号：（略） 地 址、电 话：（略） 开户行及账号：（略）					密码区	（略）
货物或应税劳务名称	规格型号	单位	数量	单价	金额	税率	税额
鼓风机		台	200	320	64 000	13%	8 320
合计					64 000		8 320
价税合计（大写）	柒万贰仟叁佰贰拾元整　　（小写）￥72 320. 00						
销货单位	名　　称：甜城机械有限责任公司 纳税人识别号：（略） 地 址、电 话：（略） 开户行及账号：工行甜城市大千支行 230748410312850806 7					备注	

甜城机械有限责任公司 实验模拟 财务专用章

收款人：　　　复核：刘齐　　　开票人：王伟　　　销货单位：（章）

第一联：记账联　销货方记账凭证

表 6 - 18　产品出库单

购货单位：华洋机床贸易公司　　2020 年 12 月 24 日　　№ 12 - 17

品名	规格	单位	数量	单价	金额								
					百	十	万	千	百	十	元	角	分
鼓风机		台	200	200			4	0	0	0	0	0	0
合　计						￥	4	0	0	0	0	0	0

②记账联

经办人：　　　　　　仓库保管：胡波

表 6－19　托收凭证（受理回单）

委托日期　　2020 年 12 月 24 日

业务类型	委托收款（□邮划、□电划）		托收承付（□邮划、☑电划）		
付款人	全　　称	华洋机床贸易公司	收款人	全　　称	甜城机械有限责任公司
	账　　号	（略）		账　　号	2307484103128508067
	开户银行	（略）		开户银行	工行甜城市大千支行
金额	人民币（大写）柒万肆仟壹佰贰拾元整		亿 千 百 十 万 千 百 十 元 角 分		¥ 7 4 1 2 0 0 0
款项内容	（略）	托收凭据名　　称	（略）	附寄单证张数	（略）
商品发运情况	已发运	合同号码名称	（略）		
备注： 复核　　记账	款项收妥日期 年　月　日		工行甜城市大千支行 2020.12.24 实验模拟 转讫 收款人开户银行签章 2020 年 12 月 24 日		

此联是收款人开户银行给收款人的受理回单

表 6－20　铁路局货票

2020 年 12 月 24 日　　承运凭证：发站→托运人报销用

发站	甜城	到站	上海	车种车号	（略）	货车标重	（略）
托运人	名称	甜城机械有限责任公司		施封号码	（略）		
	住址	（略）		铁路货车篷布号码	（略）		
收货人	名称	华洋机床贸易公司		集装箱号码	（略）		
	住址	（略）		经　由	（略）	运价里程	（略）
货物名称	件数	包装	货物重量：托运人确定	货物重量：承运人确定	计费重量	现付：费　别	现付：金　额
鼓风机	200					运费	1 300
装费	300						
保险费	200						
合　计							1 800

铁路局甜城站 2020.12.24 实验模拟

发站承运日期戳　　　　发站经办人：周树声

11. 24日，支付电视台广告费5 000元，增值税税额300元。用转账支票支付。发票和现金支票存根分别见表6－21、表6－22和图6－2。

表6－21　增值税专用发票

四川增值税专用发票

№ 02675641

抵扣联　　　　开票日期：2020年12月24日

购货单位	名称：甜城机械有限责任公司 纳税人识别号：（略） 地址、电话：（略） 开户行及账号：工行甜城市大千支行 2307484103128508067				密码区	（略）	
货物或应税劳务名称	规格型号	单位	数量	单价	金额	税率	税额
广播影视服务（广告费）		次	25	200	5 000	6%	300
合计					5 000		300
价税合计（大写）	伍仟叁佰元整				（小写）￥5 300.00		
销货单位	名　　称：甜城市电视台 纳税人识别号：（略） 地址、电话：（略） 开户行及账号：（略）				备注		

第二联：抵扣联　购货方扣税凭证

收款人：　　复核：王飞　　开票人：张开友　　销货单位：（章）

表 6－22 增值税专用发票

四川增值税专用发票

全国统一发票监制章 实验模拟 国家税务局监制

№ 02675641

发票联　　开票日期：2020 年 12 月 24 日

购货单位	名称：甜城机械有限责任公司 纳税人识别号：（略） 地 址、电 话：（略） 开户行及账号：工行甜城市大千支行 2307484103128508067					密码区	（略）
货物或应税劳务名称	规格型号	单位	数量	单价	金额	税率	税额
广播影视服务（广告费）		次	25	200	5 000	6%	300
合计					5 000		300
价税合计（大写）	伍仟叁佰元整				（小写） ¥5 300.00		
销货单位	名　　称：甜城市电视台 纳税人识别号：（略） 地 址、电 话：（略） 开户行及账号：（略）					备注	

甜城市电视台 实验模拟 财务专用章

第三联：发票联 购货方记账凭证

收款人：　　复核：王飞　　开票人：张开友　　销货单位：（章）

中国工商银行 转账支票存根（川）
$\frac{B}{2}\frac{B}{2}$12570072
附加信息
出票日期：2020 年 12 月 24 日
收款人：甜城市电视台
金　额：¥ 5 300.00
用　途：广告费
单位主管：　　会计：

图 6－2 转账支票存根

12. 24日，生产车间领用材料用于电动机的生产，其中甲材料5 000千克，单价40元；乙材料3 000千克，单价15元。领料单见表6-23。

表6-23 领料单

领料单位：车间　　　　凭证编号：12-17

发料日期：2020年12月24日　　　　发料仓库：1号仓库

材料类别	材料编号	材料名称及规格	计量单位	数量		金额		用途
				请领	实发	单价	金额	
		甲材料	kg	5 000	5 000	40	200 000	电动机
		乙材料	kg	3 000	3 000	15	45 000	电动机
合计							245 000	

②记账联

领料：李力胜　　　　仓库发料：王力

13. 25日，向红光机械有限公司购进的丙材料500千克，运到并验收入库。材料入库单见表6-24。

表6-24 材料入库单

供货单位：红光机械有限公司　　　　凭证编号：12-26

收料日期：2020年12月25日　　　　收料仓库：1号仓库

材料类别	材料编号	材料名称及规格	计量单位	数量		金额			
				应收	实收	单价	买价	运杂费	合计
		丙材料	kg	500	500	20	10 000		10 000
备注：						合计			10 000

②记账联

采购员：刘大江　　　　仓库验收：王力

14. 25日，支付原欠前进机械有限公司价税款62 150元。转账支票存根及进账单（回单）分别见图6-3和表6-25。

中国工商银行
转账支票存根（川）
$\frac{B}{2}\ \frac{B}{2}$04412280

附加信息＿＿＿＿＿＿＿＿

出票日期：2020 年 12 月 25 日

收款人：前进机械有限公司
金　额：￥ 62 150.00
用　途：付购货款

单位主管：　　　　　会计：

图 6－3　转账支票存根

表 6－25　中国工商银行进账单（回单）

2020 年 12 月 25 日

<table>
<tr><td rowspan="3">出票人</td><td>全　称</td><td>甜城机械有限责任公司</td><td rowspan="3">收款人</td><td>全　称</td><td colspan="11">前进机械有限公司</td></tr>
<tr><td>账　号</td><td>2307484103128508067</td><td>账　号</td><td colspan="11"></td></tr>
<tr><td>开户银行</td><td>工行甜城市大千支行</td><td>开户银行</td><td colspan="11"></td></tr>
<tr><td rowspan="2">金额</td><td colspan="4" rowspan="2">人民币
（大写）陆万贰仟壹佰伍拾元整</td><td>亿</td><td>千</td><td>百</td><td>十</td><td>万</td><td>千</td><td>百</td><td>十</td><td>元</td><td>角</td><td>分</td></tr>
<tr><td></td><td></td><td></td><td>￥</td><td>6</td><td>2</td><td>1</td><td>5</td><td>0</td><td>0</td><td>0</td></tr>
<tr><td colspan="2">票据种类</td><td>（略）</td><td>票据张数</td><td>（略）</td><td colspan="11" rowspan="3">工行甜城市大千支行
2020.12.25
实验模拟
转讫
开户银行签章</td></tr>
<tr><td colspan="2">票据号码</td><td colspan="3">（略）</td></tr>
<tr><td colspan="5">复核　　　　记账</td></tr>
</table>

此联是开户银行交给出票人的回单

15. 25 日，以现金购入办公用品，交付行政管理部门使用。增值税普通发票见表 6－26。

表 6－26　增值税普通发票

四川省增值税普通发票

051002100104　　　发票联　　　№ 55534975

开票日期：2020 年 12 月 25 日

购买方	名　称：甜城机械有限责任公司 纳税人识别号：（略） 地 址 、电 话：（略） 开户行及账号：（略）					密码区		
货物或应税劳务、服务名称		规格型号	单位	数量	单价	金额	税率	税额
计算器			个	3	120	360.00	3%	10.80
打印纸			箱	2	240	480.00	3%	14.40
合　计						840.00		25.20
价税合计（大写）	捌佰陆拾伍元贰角整					（小写）￥865.20		
销售方	名　称：甜城博友文具店 纳税人识别号：（略） 地 址 、电 话：（略） 开户行及账号：（略）					备注		

收款人：　　复核：　　开票人：杜欣　　销货方：（章）

第二联：发票联　购买方记账凭证

16. 26 日，向大河机床有限公司购入车床一台，买价 50 000 元，增值税税额 6 500 元，已交付生产车间使用。电汇凭证（回单）、增值税专用发票（抵扣联）、增值税专用发票（发票联）及外购设备入库单分别见表 6－27 至表 6－30。

表 6－27　中国工商银行电汇凭证（回单）

委托日期 2020 年 12 月 26　　　第　号

汇款人	全　称：甜城机械有限责任公司	收款人	全　称：大河机床有限公司	
	账　号：2307484103128508067		账号：	
	汇出地点：省　市县；汇出行名称：工行甜城市大千支行		汇入地点：省　市县；汇入地点：略	
金额	人民币（大写）伍万陆仟伍佰元整		千百十万千百十元角分：￥5 6 5 0 0 0 0	
汇款用途：购设备款			汇出行签章	
单位主管：　会计：　复核：　记账：				

（印章：工行甜城市大千支行 2020.12.26 实验模拟 转讫）

表 6-28　增值税专用发票（抵扣联）

四川增值税专用发票

全国统一发票监制章　实验模拟　国家税务局监制

№ 03572334

抵扣联　　开票日期：2020 年 12 月 26 日

购货单位	名称：甜城机械有限责任公司 纳税人识别号：（略） 地 址、电 话：（略） 开户行及账号：工行甜城市大千支行 2307484103128508067					密码区	（略）
货物或应税劳务名称	规格型号	单位	数量	单价	金额	税率	税额
车床		台	1	50 000	50 000	13%	6 500
合计					50 000		6 500
价税合计（大写）	伍万陆仟伍佰元整			（小写） ¥56 500.00			
销货单位	名　　称：大河机床有限公司 纳税人识别号：（略） 地 址、电 话：（略） 开户行及账号：（略）					备注	

大河机床有限公司　实验模拟　财务专用章

第二联：抵扣联　购货方扣税凭证

收款人：张明　　复核：刘兵　　开票人：王伟　　销货单位：（章）

表 6-29　增值税专用发票（发票联）

四川增值税专用发票

全国统一发票监制章　实验模拟　国家税务局监制

№ 03572334

发票联　　开票日期：2020 年 12 月 26 日

购货单位	名称：甜城机械有限责任公司 纳税人识别号：（略） 地 址、电 话：（略） 开户行及账号：工行甜城市大千支行 2307484103128508067					密码区	（略）
货物或应税劳务名称	规格型号	单位	数量	单价	金额	税率	税额
车床		台	1	50 000	50 000	13%	6 500
合计					50 000		6 500
价税合计（大写）	伍万陆仟伍佰元整			（小写） ¥56 500.00			
销货单位	名　　称：大河机床有限公司 纳税人识别号：（略） 地 址、电 话：（略） 开户行及账号：（略）					备注	

大河机床有限公司　实验模拟　财务专用章

第三联：发票联　购货方记账凭证

收款人：张明　　复核：刘兵　　开票人：王伟　　销货单位：（章）

表 6－30　外购设备入库单

供货单位：大河机床有限公司　　　　凭证编号：12－03
入库时间：2020 年 12 月 26 日　　　　使用部门：车间

编号	品名	规格	计量单位	数量	单价	金额		
						买价	运杂费	合计
	车床		台	1	50 000	50 000		50 000
备注：					合 计			50 000

②记账联

采购员：周诚　　　　验收：艾勇

17．26 日，提取现金 3 000 元备用。现金支票存根见图 6－4。

中国工商银行
现金支票存根（川）
$\frac{B}{2}\ \frac{B}{2}$12570073
附加信息
出票日期：2020 年 12 月 26 日

收款人：甜城机械有限责任公司
金　额：¥ 3 000.00
用　途：备用

单位主管：　　　　会计：

图 6－4　现金支票存根

18．27 日，收到宏发机械有限公司发来丁材料 1 000 千克，单价 70 元，货款 70 000元，增值税税额 9 100 元，以银行存款补付 19 100 元，丁材料已验收入库（上月已预付货款为 60 000 元）。转账支票存根、进账单（回单）、增值税专用发票（抵扣联）、增值税专用发票（发票联）及材料入库单分别见图 6－5、表 6－31 至表 6－34。

中国工商银行
转账支票存根（川）
$\frac{B}{2}\frac{B}{2}$04412281

附加信息

出票日期：2020 年 12 月 27 日

收款人：宏发机械有限公司
金　额：¥ 19 100.00
用　途：付购货款

单位主管：　　　　　会计：

图 6－5　转账支票存根

表 6－31　中国工商银行进账单（回单）

2020 年 12 月 27 日

<table>
<tr><td rowspan="3">出票人</td><td>全　称</td><td colspan="3">甜城机械有限责任公司</td><td rowspan="3">收款人</td><td>全　称</td><td colspan="11">宏发机械有限公司</td></tr>
<tr><td>账　号</td><td colspan="3">2307484103128508067</td><td>账　号</td><td colspan="11">略</td></tr>
<tr><td>开户银行</td><td colspan="3">工行甜城市大千支行</td><td>开户银行</td><td colspan="11">略</td></tr>
<tr><td rowspan="2">金额</td><td colspan="6" rowspan="2">人民币
（大写）壹万玖仟壹佰元整</td><td>亿</td><td>千</td><td>百</td><td>十</td><td>万</td><td>千</td><td>百</td><td>十</td><td>元</td><td>角</td><td>分</td></tr>
<tr><td></td><td></td><td></td><td>¥</td><td>1</td><td>9</td><td>1</td><td>0</td><td>0</td><td>0</td><td>0</td></tr>
<tr><td colspan="2">票据种类</td><td>（略）</td><td>票据张数</td><td>（略）</td><td colspan="13" rowspan="3">工行甜城市大千支行
2020.12.27
实验模拟
转讫
开户银行签章</td></tr>
<tr><td colspan="2">票据号码</td><td colspan="3">（略）</td></tr>
<tr><td colspan="5">复核　　　　记账</td></tr>
</table>

此联是开户银行交给出票人的回单

表 6－32　增值税专用发票（抵扣联）

四川增值税专用发票

№ 06658036

抵扣联　　　开票日期：2020 年 12 月 27 日

购货单位	名称：甜城机械有限责任公司 纳税人识别号：（略） 地 址、电 话：（略） 开户行及账号：工行甜城市大千支行 2307484103128508067				密码区	（略）		
货物或应税劳务名称	规格型号	单位	数量	单价	金额	税率	税额	
丁材料		kg	1 000	70	70 000	13%	9 100	
合计					70 000		9 100	
价税合计（大写）	柒万玖仟壹佰元整			（小写）￥79 100.00				
销货单位	名　　称：宏发机械有限公司 纳税人识别号：（略） 地 址、电 话：（略） 开户行及账号：（略）				备注			

第二联：抵扣联　购货方扣税凭证

收款人：李波　　复核：张明　　开票人：刘冬　　销货单位：（章）

表 6－33　增值税专用发票（发票联）

四川增值税专用发票

№ 06658036

发票联　　　开票日期：2020 年 12 月 27 日

购货单位	名称：甜城机械有限责任公司 纳税人识别号：（略） 地 址、电 话：（略） 开户行及账号：工行甜城市大千支行 2307484103128508067				密码区	（略）		
货物或应税劳务名称	规格型号	单位	数量	单价	金额	税率	税额	
丁材料		kg	1 000	70	70 000	13%	9 100	
合计					70 000		9 100	
价税合计（大写）	柒万玖仟壹佰元整			（小写）￥79 100.00				
销货单位	名　　称：宏发机械有限公司 纳税人识别号：（略） 地 址、电 话：（略） 开户行及账号：（略）				备注			

第三联：发票联　购货方记账凭证

收款人：李波　　复核：张明　　开票人：刘冬　　销货单位：（章）

表 6－34　材料入库单

供货单位：前进机械有限公司　　　　凭证编号：12－27

收料日期：2020 年 12 月 27 日　　　　收料仓库：1 号仓库

材料类别	材料编号	材料名称及规格	计量单位	数量		金额			
				应收	实收	单价	买价	运杂费	合计
		丁材料	kg	1 000	1 000	70	70 000		70 000
备注：						合 计			70 000

②记账联

采购员：刘大江　　　　仓库验收：王力

19. 27 日，生产车间领用材料一批，其中生产鼓风机领用丙材料 2 000 千克，单价 20 元；生产电动机领用丁材料 500 千克，单价 70 元。领料单见表 6－35。

表 6－35　领料单

领料单位：车间　　　　凭证编号：12－18

发料日期：2020 年 12 月 27 日　　　　发料仓库：1 号仓库

材料类别	材料编号	材料名称及规格	计量单位	数量		金额		用　途
				请领	实发	单价	金额	
		丙材料	kg	2 000	2 000	20	40 000	鼓风机
		丁材料	kg	500	500	70	35 000	电动机
合　计							75 000	

②记账联

领料：李力胜　　　　仓库发料：王力

20. 28 日，公司副经理王刚出差回来，报销差旅费 1 200 元，不足部分补足现金。差旅费报销单见表 6－36。

表 6－36　差旅费报销单

2020 年 12 月 28 日　　　　附单据 10 张

<table>
<tr><td colspan="14">出差事由：参加订货会</td></tr>
<tr><td colspan="2">起日</td><td colspan="2">止日</td><td rowspan="2">起止地点</td><td rowspan="2">车船费</td><td rowspan="2">住宿费</td><td colspan="3">市内交通、电话补助</td><td colspan="3">生活补助</td><td rowspan="2">合计</td></tr>
<tr><td>月</td><td>日</td><td>月</td><td>日</td><td>天数</td><td>标准</td><td>金额</td><td>天数</td><td>标准</td><td>金额</td></tr>
<tr><td>12</td><td>24</td><td>12</td><td>27</td><td>甜城↔重庆</td><td>620</td><td>300</td><td>4</td><td>30</td><td>120</td><td>4</td><td>40</td><td>160</td><td>1 200</td></tr>
<tr><td></td><td></td><td></td><td></td><td></td><td></td><td></td><td></td><td></td><td></td><td></td><td></td><td></td><td></td></tr>
<tr><td colspan="5">小　计</td><td>620</td><td>300</td><td></td><td></td><td>120</td><td></td><td></td><td>160</td><td>1 200</td></tr>
<tr><td colspan="2">出差人</td><td colspan="2">王刚</td><td>工作部门</td><td>行政部</td><td colspan="8">报销合计（大写）壹仟贰佰元整　¥1 200.00</td></tr>
<tr><td colspan="2">原借款</td><td colspan="2">1 000</td><td>报销数</td><td>1 200</td><td>长退或短补</td><td>200</td><td colspan="4">领导审批：孙家斌</td><td colspan="2">报销人：王刚</td></tr>
</table>

会计主管：　　　　记账：　　　　审核：

21．28 日，按合同发给甜城宏图贸易公司鼓风机 150 台，单价 320 元，电动机 100 台，单价 240 元，两种产品增值税税率均为 13%，价税款用原预收货款 80 000 元抵付，不足部分由甜城宏图贸易公司通过银行付清。增值税专用发票、产品出库单及进账单分别见表 6－37、表 6－38 和表 6－39。

表 6－37　增值税专用发票

四川增值税专用发票

№ 0395890

此联不做报销、扣税凭证使用　开票日期：2020 年 12 月 28 日

<table>
<tr><td>购货单位</td><td colspan="6">名称：甜城宏图贸易公司
纳税人识别号：（略）
地 址、电 话：（略）
开户行及账号：（略）</td><td>密码区</td><td colspan="2">（略）</td></tr>
<tr><td colspan="2">货物或应税劳务名称
鼓风机
电动机
合计</td><td>规格型号</td><td>单位
台
台</td><td>数量
150
100</td><td>单价
320
240</td><td colspan="2">金额
48 000
24 000
72 000</td><td>税率
13%
13%</td><td>税额
6 240
3 120
9 360</td></tr>
<tr><td colspan="2">价税合计（大写）</td><td colspan="8">捌万壹仟叁佰陆拾元整　　（小写）¥81 360.00</td></tr>
<tr><td>销货单位</td><td colspan="6">名　　称：甜城机械有限责任公司
纳税人识别号：（略）
地 址、电 话：（略）
开户行及账号：工行甜城市大千支行2307484103128508067</td><td>备注</td><td colspan="2"></td></tr>
</table>

第一联：记账联　销货方记账凭证

收款人：黄伟　　复核：刘齐　　开票人：王伟　　销货单位：（章）

表 6－38　产品出库单

购货单位：甜城宏图贸易公司　　2020 年 12 月 28 日　　№ 12－18

<table>
<tr><td rowspan="2">品名</td><td rowspan="2">规格</td><td rowspan="2">单位</td><td rowspan="2">数量</td><td rowspan="2">单价</td><td colspan="9">金额</td></tr>
<tr><td>百</td><td>十</td><td>万</td><td>千</td><td>百</td><td>十</td><td>元</td><td>角</td><td>分</td></tr>
<tr><td>鼓风机</td><td></td><td>台</td><td>150</td><td>200</td><td></td><td></td><td>3</td><td>0</td><td>0</td><td>0</td><td>0</td><td>0</td><td>0</td></tr>
<tr><td>电动机</td><td></td><td>台</td><td>100</td><td>120</td><td></td><td></td><td>1</td><td>2</td><td>0</td><td>0</td><td>0</td><td>0</td><td>0</td></tr>
<tr><td></td><td></td><td></td><td></td><td></td><td></td><td></td><td></td><td></td><td></td><td></td><td></td><td></td><td></td></tr>
<tr><td colspan="5">合　计</td><td></td><td>¥</td><td>4</td><td>2</td><td>0</td><td>0</td><td>0</td><td>0</td><td>0</td></tr>
</table>

② 记账联

经办人：　　　　仓库保管：胡波

表 6－39　中国工商银行进账单（收账通知）

2020 年 12 月 28 日

<table>
<tr><td rowspan="3">出票人</td><td>全　称</td><td>甜城宏图贸易公司</td><td rowspan="3">收款人</td><td>全　称</td><td colspan="11">甜城机械有限责任公司</td></tr>
<tr><td>账　号</td><td>（略）</td><td>账　号</td><td colspan="11">2307484103128508067</td></tr>
<tr><td>开户银行</td><td>（略）</td><td>开户银行</td><td colspan="11">工行甜城市大千支行</td></tr>
<tr><td rowspan="2">金额</td><td colspan="4" rowspan="2">人民币
（大写）壹仟叁佰陆拾元整</td><td>亿</td><td>千</td><td>百</td><td>十</td><td>万</td><td>千</td><td>百</td><td>十</td><td>元</td><td>角</td><td>分</td></tr>
<tr><td></td><td></td><td></td><td></td><td>¥</td><td>1</td><td>3</td><td>6</td><td>0</td><td>0</td><td>0</td></tr>
<tr><td>票据种类</td><td>（略）</td><td>票据张数</td><td>（略）</td><td colspan="12" rowspan="3">工行甜城市大千支行
2020.12.28
实验模拟
转讫
收款人开户银行签章</td></tr>
<tr><td>票据号码</td><td colspan="3">（略）</td></tr>
<tr><td colspan="4">复核　　　记账</td></tr>
</table>

此联是收款人开户银行交给收款人的收款通知

22．30 日，现金支付业务招待费 200 元。四川通用定额发票见图 6－6。

四川通用定额发票

全国统一发票监制章 国家税务总局 四川省税务局

发票联

发票代码：15110215H001

发票号码：00781687

贰 佰 元 整

甜城市东方宾馆 实验模拟 财务专用章

图 6-6 四川通用定额发票

23. 30 日，预收广发机床贸易公司购鼓风机货款 58 000 元，存入银行。进账单（收账通知）见表 6-40。

表 6-40 中国工商银行进账单（收账通知）

2020 年 12 月 30 日

出票人	全称	广发机床贸易公司	收款人	全称	甜城机械有限责任公司
出票人	账号	略	收款人	账号	2307484103128508067
出票人	开户银行	略	收款人	开户银行	工行甜城市大千支行

金额	亿	千	百	十	万	千	百	十	元	角	分
人民币（大写）伍万捌仟元整				¥	5	8	0	0	0	0	0

票据种类	（略）	票据张数	（略）	工行甜城市大千支行 2020.12.30 实验模拟 转讫
票据号码	（略）			
复核	记账			收款人开户银行签章

此联是收款人开户银行交给收款人的收款通知

24. 31 日，以银行存款预付宏发机械有限公司丁材料货款 40 000 元。转账支票存根和进账单（回单）分别见图 6 - 7 和表 6 - 41。

中国工商银行
转账支票存根（川）
$\frac{B}{2}$ $\frac{B}{2}$04412282
附加信息________________

出票日期：2020 年 12 月 31 日

收款人：	宏发机械有限公司
金　额：	¥ 40 000.00
用　途：	预付购货款

单位主管：　　　　会计：

图 6 - 7　转账支票存根

表 6 - 41　中国工商银行进账单（回单）

2020 年 12 月 31 日

<table>
<tr><td rowspan="3">出票人</td><td>全　称</td><td>甜城机械有限责任公司</td><td rowspan="3">收款人</td><td>全　称</td><td colspan="11">宏发机械有限公司</td><td rowspan="6">此联是开户银行交给出票人的回单</td></tr>
<tr><td>账　号</td><td>2307484103128508067</td><td>账　号</td><td colspan="11">略</td></tr>
<tr><td>开户银行</td><td>工行甜城市大千支行</td><td>开户银行</td><td colspan="11">略</td></tr>
<tr><td rowspan="2">金额</td><td colspan="4" rowspan="2">人民币
（大写）肆万元整</td><td>亿</td><td>千</td><td>百</td><td>十</td><td>万</td><td>千</td><td>百</td><td>十</td><td>元</td><td>角</td><td>分</td></tr>
<tr><td></td><td></td><td></td><td>¥</td><td>4</td><td>0</td><td>0</td><td>0</td><td>0</td><td>0</td><td>0</td></tr>
<tr><td>票据种类</td><td>（略）</td><td>票据张数</td><td colspan="2">（略）</td><td colspan="11" rowspan="3">工行甜城市大千支行
2020.12.31
实验模拟
转讫
开户银行签章</td></tr>
<tr><td>票据号码</td><td colspan="4">（略）</td></tr>
<tr><td colspan="5">复核　　　记账</td></tr>
</table>

25. 31 日，计提本月固定资产折旧 10 250 元。固定资产折旧计算表见表 6 - 42。

表 6 - 42　固定资产折旧计算表

2020 年 12 月　　　　　　　　单位：元

使用单位	固定资产类别	月初原值	月折旧率（%）	月折旧额
车　间	厂房	800 000	0. 25	2 000
	机器设备	1 000 000	0. 5	5 000
	小计	1 800 000		7 000

表6－42(续)

使用单位	固定资产类别	月初原值	月折旧率（%）	月折旧额
行政管理部门	办公楼	500 000	0.25	1 250
	办公设备	120 000	1	1 200
	小计	620 000		2 450
销售部门	办公设备	80 000	1	800
	小计	80 000		800
合计		2 500 000		10 250

财务主管：　　　　复核：　　　　制单：

26．31 日，分配结转本月应付职工工资 50 000 元，其中：生产鼓风机工人工资 24 000元，生产电动机工人工资 16 000 元，生产车间管理人员工资 3 000 元，行政管理部门人员工资 5 000 元，专设销售机构人员工资 2 000 元（见表 6－43）。

表 6－43　工资费用分配表

2020 年 12 月 31 日　　　　单位：元

职工类别		应分配金额
车间生产工人	生产鼓风机工人	24 000
	生产电动机工人	16 000
	小计	40 000
车间管理人员		3 000
行政管理人员		5 000
专设销售机构人员		2 000
合　计		50 000

财务主管：　　　　复核：　　　　制单：

27．31 日，计算分摊本月发生的制造费用 33 400 元（按产品生产工时比例分摊，生产鼓风机工时为 40 000 工时，生产电动机工时为 26 800 工时）（见表 6－44）。

表 6－44　制造费用分配表

车间：生产车间　　　　2020 年 12 月 31 日　　　　单位：元

分配对象	分配标准（产品生产工时）	分配率	分配金额
鼓风机	40 000	0.5	20 000
电动机	26 800	0.5	13 400
合　计	66 800		33 400

财务主管：　　　　复核：　　　　制单：

28. 31 日，结转本月完工入库产品成本。完工产品成本计算单和产品入库单分别见表 6－45 和表 6－46。

表 6－45　完工产品成本计算单

2020 年 12 月 31 日　　　　单位：元

成本项目	鼓风机（完工 2 500 台）	电动机（完工 3 000 台）
直接材料	456 000	330 600
直接人工	24 000	16 000
制造费用	20 000	13 400
合计	500 000	360 000

财务主管：　　　　复核：　　　　制单：

表 6－46　产品入库单

交货单位：车间　　　　2020 年 12 月 31 日　　　　№ 12－01

品名	规格	单位	数量	单价	金额								
					百	十	万	千	百	十	元	角	分
鼓风机		台	2 500	200		5	0	0	0	0	0	0	0
电动机		台	3 000	120		3	6	0	0	0	0	0	0
合　计					¥	8	6	0	0	0	0	0	0

③记账联

经办人：　　　　仓库保管：胡波

29. 31 日，按本月应缴流转税的 7% 和 3% 分别计算应缴的城市维护建设税和教育费附加（参考表 6－103、表 6－104 资料）。

30. 31 日，摊销无形资产价值 3 000 元。

31. 31 日，将收入转入“本年利润”账户。

32. 31 日，将费用转入“本年利润”账户。

33. 31 日，按本月实现利润总额的 25% 计算应交所得税（假设无纳税调整项目）。

34. 31 日，将本月所得税费用转入“本年利润”账户。

35. 31 日，按全年税后利润的 10% 提取法定盈余公积金（1—11 月税后利润 300 000 元）。

36. 31 日，将本年实现的净利润转入“利润分配——未分配利润”明细账户。

37. 31 日，将“利润分配——提取法定盈余公积”转入“利润分配——未分配利润”明细账户。

（二）实验要求

根据交易事项发生的时间顺序，填制记账凭证。记账凭证的编号应该根据实验模块Ⅲ中该企业科目汇总表的编号顺序编列。

（三）实验设计

本实验模块提供了模拟公司12月下旬发生的交易事项，上旬和中旬的交易事项只给出了汇总后的科目汇总表。因此，完成下旬记账凭证（见表6－47至表6－91）的填制是形成12月下旬科目汇总表的前提，本实验模块是完成后续综合试验的基础。

表6－47　记　账　凭　证（1）

年　月　日　　　　__字第____号

摘　要	会计科目	明细科目	借方金额	贷方金额	记账√
合　计					

附件　张

会计主管：　　记账：　　出纳：　　复核：　　制单：

表6－48　记　账　凭　证（2）

年　月　日　　　　__字第____号

摘　要	会计科目	明细科目	借方金额	贷方金额	记账√
合　计					

附件　张

会计主管：　　记账：　　出纳：　　复核：　　制单：

表6－49　记　账　凭　证（3）

年　月　日　　　　__字第____号

摘　要	会计科目	明细科目	借方金额	贷方金额	记账√
合　计					

附件　张

会计主管：　　记账：　　出纳：　　复核：　　制单：

表 6－50　记　账　凭　证（4）

年　月　日　　　　__字第____号

摘　要	会计科目	明细科目	借方金额	贷方金额	记账√
合　计					

附件　张

会计主管：　记账：　出纳：　复核：　制单：

表 6－51　记　账　凭　证（5）

年　月　日　　　　__字第____号

摘　要	会计科目	明细科目	借方金额	贷方金额	记账√
合　计					

附件　张

会计主管：　记账：　出纳：　复核：　制单：

表 6－52　记　账　凭　证（6）

年　月　日　　　　__字第____号

摘　要	会计科目	明细科目	借方金额	贷方金额	记账√
合　计					

附件　张

会计主管：　记账：　出纳：　复核：　制单：

表 6－53　记　账　凭　证（7）

年　月　日　　　　__字第____号

摘　要	会计科目	明细科目	借方金额	贷方金额	记账√
合　计					

附件　张

会计主管：　记账：　出纳：　复核：　制单：

表6-54 记 账 凭 证(8)

年 月 日 __字第____号

摘 要	会计科目	明细科目	借方金额	贷方金额	记账√
合 计					

附件 张

会计主管: 记账: 出纳: 复核: 制单:

表6-55 记 账 凭 证(9)

年 月 日 __字第____号

摘 要	会计科目	明细科目	借方金额	贷方金额	记账√
合 计					

附件 张

会计主管: 记账: 出纳: 复核: 制单:

表6-56 记 账 凭 证(10)

年 月 日 __字第____号

摘 要	会计科目	明细科目	借方金额	贷方金额	记账√
合 计					

附件 张

会计主管: 记账: 出纳: 复核: 制单:

表6-57 记 账 凭 证(11)

年 月 日 __字第____号

摘 要	会计科目	明细科目	借方金额	贷方金额	记账√
合 计					

附件 张

会计主管: 记账: 出纳: 复核: 制单:

表 6－58　记　账　凭　证（12）

年　月　日　　　　　　__字第____号

摘　要	会计科目	明细科目	借方金额	贷方金额	记账√
合　计					

附件　张

会计主管：　记账：　出纳：　复核：　制单：

表 6－59　记　账　凭　证（13）

年　月　日　　　　　　__字第____号

摘　要	会计科目	明细科目	借方金额	贷方金额	记账√
合　计					

附件　张

会计主管：　记账：　出纳：　复核：　制单：

表 6－60　记　账　凭　证（14）

年　月　日　　　　　　__字第____号

摘　要	会计科目	明细科目	借方金额	贷方金额	记账√
合　计					

附件　张

会计主管：　记账：　出纳：　复核：　制单：

表 6－61　记　账　凭　证（15）

年　月　日　　　　　　__字第____号

摘　要	会计科目	明细科目	借方金额	贷方金额	记账√
合　计					

附件　张

会计主管：　记账：　出纳：　复核：　制单：

表6－62　记　账　凭　证（16）

年　月　日　　　　__字第____号

摘　要	会计科目	明细科目	借方金额	贷方金额	记账√
合　计					

附件　张

会计主管：　记账：　出纳：　复核：　制单：

表6－63　记　账　凭　证（17）

年　月　日　　　　__字第____号

摘　要	会计科目	明细科目	借方金额	贷方金额	记账√
合　计					

附件　张

会计主管：　记账：　出纳：　复核：　制单：

表6－64　记　账　凭　证（18）

年　月　日　　　　__字第____号

摘　要	会计科目	明细科目	借方金额	贷方金额	记账√
合　计					

附件　张

会计主管：　记账：　出纳：　复核：　制单：

表6－65　记　账　凭　证（19）

年　月　日　　　　__字第____号

摘　要	会计科目	明细科目	借方金额	贷方金额	记账√
合　计					

附件　张

会计主管：　记账：　出纳：　复核：　制单：

表6－66 记 账 凭 证（20）

年 月 日 __字第____号

摘 要	会计科目	明细科目	借方金额	贷方金额	记账√
合 计					

附件 张

会计主管： 记账： 出纳： 复核： 制单：

表6－67 记 账 凭 证（21）

年 月 日 __字第____号

摘 要	会计科目	明细科目	借方金额	贷方金额	记账√
合 计					

附件 张

会计主管： 记账： 出纳： 复核： 制单：

表6－68 记 账 凭 证（22）

年 月 日 __字第____号

摘 要	会计科目	明细科目	借方金额	贷方金额	记账√
合 计					

附件 张

会计主管： 记账： 出纳： 复核： 制单：

表6－69 记 账 凭 证（23）

年 月 日 __字第____号

摘 要	会计科目	明细科目	借方金额	贷方金额	记账√
合 计					

附件 张

会计主管： 记账： 出纳： 复核： 制单：

表6－70 记 账 凭 证（24）

年 月 日 ＿字第＿＿号

摘 要	会计科目	明细科目	借方金额	贷方金额	记账√
合 计					

附件 张

会计主管： 记账： 出纳： 复核： 制单：

表6－71 记 账 凭 证（25）

年 月 日 ＿字第＿＿号

摘 要	会计科目	明细科目	借方金额	贷方金额	记账√
合 计					

附件 张

会计主管： 记账： 出纳： 复核： 制单：

表6－72 记 账 凭 证（26）

年 月 日 ＿字第＿＿号

摘 要	会计科目	明细科目	借方金额	贷方金额	记账√
合 计					

附件 张

会计主管： 记账： 出纳： 复核： 制单：

表6－73 记 账 凭 证（27）

年 月 日 ＿字第＿＿号

摘 要	会计科目	明细科目	借方金额	贷方金额	记账√
合 计					

附件 张

会计主管： 记账： 出纳： 复核： 制单：

表 6－74 记 账 凭 证（28）

年 月 日　　　　__字第____号

摘 要	会计科目	明细科目	借方金额	贷方金额	记账√
合 计					

附件 张

会计主管：　记账：　出纳：　复核：　制单：

表 6－75 记 账 凭 证（29）

年 月 日　　　　__字第____号

摘 要	会计科目	明细科目	借方金额	贷方金额	记账√
合 计					

附件 张

会计主管：　记账：　出纳：　复核：　制单：

表 6－76 记 账 凭 证（30）

年 月 日　　　　__字第____号

摘 要	会计科目	明细科目	借方金额	贷方金额	记账√
合 计					

附件 张

会计主管：　记账：　出纳：　复核：　制单：

表 6－77 记 账 凭 证（31）

年 月 日　　　　__字第____号

摘 要	会计科目	明细科目	借方金额	贷方金额	记账√
合 计					

附件 张

会计主管：　记账：　出纳：　复核：　制单：

表6-78 记 账 凭 证(32)

年 月 日 __字第____号

摘 要	会计科目	明细科目	借方金额	贷方金额	记账√
合 计					

附件 张

会计主管: 记账: 出纳: 复核: 制单:

表6-79 记 账 凭 证(33)

年 月 日 __字第____号

摘 要	会计科目	明细科目	借方金额	贷方金额	记账√
合 计					

附件 张

会计主管: 记账: 出纳: 复核: 制单:

表6-80 记 账 凭 证(34)

年 月 日 __字第____号

摘 要	会计科目	明细科目	借方金额	贷方金额	记账√
合 计					

附件 张

会计主管: 记账: 出纳: 复核: 制单:

表6-81 记 账 凭 证(35)

年 月 日 __字第____号

摘 要	会计科目	明细科目	借方金额	贷方金额	记账√
合 计					

附件 张

会计主管: 记账: 出纳: 复核: 制单:

表 6－82　记　账　凭　证（36）

年　月　日　　　　　　　　＿字第＿＿号

摘　要	会计科目	明细科目	借方金额	贷方金额	记账√
合　计					

附件　张

会计主管：　　记账：　　出纳：　　复核：　　制单：

表 6－83　记　账　凭　证（37）

年　月　日　　　　　　　　＿字第＿＿号

摘　要	会计科目	明细科目	借方金额	贷方金额	记账√
合　计					

附件　张

会计主管：　　记账：　　出纳：　　复核：　　制单：

表 6－84　记　账　凭　证（38）

年　月　日　　　　　　　　＿字第＿＿号

摘　要	会计科目	明细科目	借方金额	贷方金额	记账√
合　计					

附件　张

会计主管：　　记账：　　出纳：　　复核：　　制单：

表 6－85　记　账　凭　证（39）

年　月　日　　　　　　　　＿字第＿＿号

摘　要	会计科目	明细科目	借方金额	贷方金额	记账√
合　计					

附件　张

会计主管：　　记账：　　出纳：　　复核：　　制单：

表6-86 记 账 凭 证（40）

年 月 日 __字第____号

摘 要	会计科目	明细科目	借方金额	贷方金额	记账√
合 计					

附件 张

会计主管： 记账： 出纳： 复核： 制单：

表6-87 记 账 凭 证（41）

年 月 日 __字第____号

摘 要	会计科目	明细科目	借方金额	贷方金额	记账√
合 计					

附件 张

会计主管： 记账： 出纳： 复核： 制单：

表6-88 记 账 凭 证（42）

年 月 日 __字第____号

摘 要	会计科目	明细科目	借方金额	贷方金额	记账√
合 计					

附件 张

会计主管： 记账： 出纳： 复核： 制单：

表6-89 记 账 凭 证（43）

年 月 日 __字第____号

摘 要	会计科目	明细科目	借方金额	贷方金额	记账√
合 计					

附件 张

会计主管： 记账： 出纳： 复核： 制单：

表6－90　记　账　凭　证（44）

年　月　日　　　　__字第____号

摘　要	会计科目	明细科目	借方金额	贷方金额	记账√
合　计					

附件　张

会计主管：　记账：　出纳：　复核：　制单：

表6－91　记　账　凭　证（45）

年　月　日　　　　__字第____号

摘　要	会计科目	明细科目	借方金额	贷方金额	记账√
合　计					

附件　张

会计主管：　记账：　出纳：　复核：　制单：

实验模块Ⅱ　日记账和明细分类账的登记

（一）实验资料

（1）甜城机械有限责任公司2020年12月1日至12月20日现金日记账、银行存款日记账登记汇总情况如表6－92和表6－93所示。

（2）12月1日至12月20日应收账款明细分类账、应付账款明细分类账、原材料明细分类账、管理费用明细分类账登记汇总情况如表6－94至表6－102所示。

（3）本模块所需会计凭证见实验模块Ⅰ。

表6－92　现金日记账　　　　单位：元

2020年		凭证		摘　要	对方科目	收入	支出	结余
月	日	字	号					
12	1			期初余额				5 000
	2	记	略	购办公用品			2 000	3 000
	4	记	略	李彤报销差旅费			500	2 500

表6－92(续)

2020年		凭证		摘要	对方科目	收入	支出	结余
月	日	字	号					
	5	记	略	材料销售		1 053		3 553
	7	记	略	张兵借差旅费			2 000	1 553
	10	记	略	提现		5 000		6 553
	13	记	略	付水电费			710	5 843
	15	记	略	赔款收入		2 000		7 843
	17	记	略	李峰借差旅费			3 000	4 843
	20	记	略	付招待费			600	4 243

表6－93 银行存款日记账　　单位：元

2020年		凭证		摘要	对方科目	收入	支出	结余
月	日	字	号					
12	1			期初余额				552 680
	3	记	略	付购货款			73 710	478 970
	6	记	略	付工资			50 000	428 970
	7	记	略	收销货款		262 080		691 050
	8	记	略	收货款		200 000		891 050
	10	记	略	提现			5 000	886 050
	11	记	略	付原欠货款			220 000	666 050
	14	记	略	付商业承兑汇票			120 000	546 050

表6－93(续)

2020年		凭证		摘　　要	对方科目	收入	支出	结余
月	日	字	号					
	18	记	略	付购货款			64 350	481 700
	19	记	略	收销货款		393 120		874 820

表6－94　应收账款明细分类账

明细分类账户名称：万达机床贸易公司　　单位：元

2020年		凭证		摘要	借方	贷方	借或贷	余额
月	日	字	号					
12	1			期初余额			借	158 200

表 6－95　应收账款明细分类账

明细分类账户名称：华洋机床贸易公司　　单位：元

2020 年		凭证		摘要	借方	贷方	借或贷	余额
月	日	字	号					
12	1			期初余额			借	200 000
	8	记	略	收回欠款		200 000	平	0

表 6－96　应付账款明细分类账

明细分类账户名称：前进机械有限公司　　单位：元

2020 年		凭证		摘要	借方	贷方	借或贷	余额
月	日	字	号					
12	1			期初余额			贷	180 000
	11	记	略	付欠款	160 000		贷	20 000

表 6－97　应付账款明细分类账

明细分类账户名称：盛大机械有限公司　　单位：元

2020 年		凭证		摘要	借方	贷方	借或贷	余额
月	日	字	号					
12	1			期初余额			贷	70 000
	11	记	略	付欠款	60 000		贷	10 000

表 6－98　原材料明细分类账

品名或规格：甲材料　　计量单位：kg　　存放仓库：1 号仓库

2020 年		凭证		摘要	收入			发出			结存		
月	日	字	号		数量	单价	金额	数量	单价	金额	数量	单价	金额
12	1			期初余额							16 000	40	640 000
	3	记	略	在途入库	750	40	30 000				16 750	40	670 000
	8	记	略	产品用				3 000	40	120 000	13 750	40	550 000
	18	记	略	购入	1 000	40	40 000				14 750	40	590 000

表 6－99　原材料明细分类账

品名或规格：乙材料　　计量单位：kg　　存放仓库：1 号仓库

2020 年		凭证		摘要	收入			发出			结存		
月	日	字	号		数量	单价	金额	数量	单价	金额	数量	单价	金额
12	1			期初余额							12 000	15	180 000
	8	记	略	产品用				5 000	15	75 000	7 000	15	105 000
	18	记	略	购入	1 000	15	15 000				8 000	15	120 000

表 6－100　原材料明细分类账

品名或规格：丙材料　　计量单位：kg　　存放仓库：1 号仓库

2020 年		凭证		摘要	收入			发出			结存		
月	日	字	号		数量	单价	金额	数量	单价	金额	数量	单价	金额
12	1			期初余额							3 000	20	60 000
	3	记	略	购入	700	20	14 000				3 700	20	74 000
	5	记	略	车间用				670	20	13 400	3 030	20	60 600
	13	记	略	产品用				500	20	10 000	2 530	20	50 600

表 6-101　原材料明细分类账

品名或规格：丁材料　　计量单位：kg　　存放仓库：1号仓库

2020年		凭证		摘要	收入			发出			结存		
月	日	字	号		数量	单价	金额	数量	单价	金额	数量	单价	金额
12	3	记	略	购入	700	70	49 000				700	70	49 000
	5	记	略	销售				10	70	700	690	70	48 300

表 6-102　管理费用明细分类账

单位：元

2020年		凭证		摘要	职工薪酬	差旅费	折旧费	办公费	招待费	其他	合计
月	日	字	号								
12	2	记	略	购办公用品				2 000			2 000
	4	记	略	李彤报差旅费		3 500					5 500
	13	记	略	付水电费				710			6 210
	20	记	略	付招待费					600		6 810

（二）实验要求

根据实验模块Ⅰ编制的有关记账凭证，登记现金日记账、银行存款日记账和有关账户的明细账，并进行结账。

（三）实验设计

（1）登记账簿前，应对编制的记账凭证进行审核，以确保业务处理的正确性。

（2）登记账簿时，应熟悉账簿登记规则和错账更正方法，做到按规则登记账簿和进行错账更正。

（3）本实验模块设计了三栏式、数量金额式和多栏式账页，分别登记现金日记账、银行存款日记账、应收账款明细分类账、应付账款明细分类账、原材料明细分类账、管理费用明细分类账。

实验模块Ⅲ　科目汇总表的编制及总分类账户的登记

（一）实验资料

（1）甜城机械有限责任公司2020年12月初各总分类账户余额如表6－103所示。

表6－103　总分类账户期初余额表

2020年12月1日　　单位：元

账户名称	借方余额	账户名称	贷方余额
库存现金	5 000	短期借款	570 000
银行存款	552 680	应付票据	120 000
应收票据	60 000	应付账款	250 000
应收账款	358 200	预收账款	80 000
预付账款	60 000	应付利息	3 000
应收利息	800	应付职工薪酬	50 000
其他应收款	3 000	实收资本	4 000 000
在途物资	30 000	资本公积	250 000
原材料	880 000	盈余公积	191 300
库存商品	620 000	本年利润	300 000
生产成本	239 000	利润分配	80 000
长期股权投资	300 000	累计折旧	288 380
固定资产	2 500 000	累计摊销	36 000
在建工程	350 000		
工程物资	80 000		
无形资产	180 000		
合　计	6 218 680	合　计	6 218 680

（2）甜城机械有限责任公司2020年12月上旬、中旬和下旬的科目汇总表，如表6－104、表6－105和表6－106所示。

表6－104　科目汇总表

2020年12月1日至12月10日　　　　编号：科汇1号

凭证起讫号数自1号起至20号止　　　　单位：元

科目名称	过账	本期发生额		备注
		借方	贷方	
库存现金		6 053	4 500	增值税进项税额10 710元，增值税销项税额38 233元
银行存款		462 080	128 710	
应收账款			200 000	
其他应收款		2 000	3 000	
在途物资			30 000	
原材料		93 000	209 100	
库存商品			128 000	
生产成本		195 000		
制造费用		13 400		
在建工程		30 000		
工程物资			30 000	
应交税费		10 710	38 233	
应付职工薪酬		50 000		
主营业务收入			224 000	
主营业务成本		128 000		
管理费用		5 500		
其他业务成本		700		
其他业务收入			900	
合 计		996 443	996 443	

（3）本模块所需记账凭证见实验模块Ⅰ。

表 6－105 科目汇总表

2020 年 12 月 11 日至 12 月 20 日　　编号：科汇 2 号

凭证起讫号数自 21 号起至 45 号止　　单位：元

科目名称	过账	本期发生额		备注
		借方	贷方	
库存现金		2 000	4 310	增值税进项税额 9 350元 增值税销项税额 57 120元
银行存款		393 120	404 350	
其他应收款		3 000		
原材料		55 000	10 000	
库存商品			192 000	
生产成本		10 000		
在建工程		40 000		
工程物资			40 000	
应付账款		220 000		
应付票据		120 000		
应交税费		9 350	57 120	
主营业务收入			336 000	
主营业务成本		192 000		
管理费用		1 310		
营业外收入			2 000	
合 计		1 045 780	1 045 780	

表 6-106 科目汇总表

2020 年 12 月 21 至 12 月 31 日　　编号：科汇 3 号

凭证起讫号数自　号起至　号止　　单位：元

科目名称	过账	本期发生额		备注
		借方	贷方	
				增值税进项税额：
				增值税销项税额：
合　计				

总分类账（1）至总分类账（47）分别见表6－107至表6－154。

表6－107 总 分 类 账（1）

账户名称：　　　　　　　　　　　　　　　　　　　　　　第 页

2020年		凭证		摘要	借方	贷方	借或贷	余额
月	日	字	号					

表6－108 总 分 类 账（2）

账户名称：　　　　　　　　　　　　　　　　　　　　　　第 页

2020年		凭证		摘要	借方	贷方	借或贷	余额
月	日	字	号					

表6－109 总 分 类 账（3）

账户名称：　　　　　　　　　　　　　　　　　　　　　　第 页

2020年		凭证		摘要	借方	贷方	借或贷	余额
月	日	字	号					

表6－110　总　分　类　账（4）

账户名称：　　　　第　页

2020年		凭证		摘要	借方	贷方	借或贷	余额
月	日	字	号					

表6－111　总　分　类　账（5）

账户名称：　　　　第　页

2020年		凭证		摘要	借方	贷方	借或贷	余额
月	日	字	号					

表6－112　总　分　类　账（6）

账户名称：　　　　第　页

2020年		凭证		摘要	借方	贷方	借或贷	余额
月	日	字	号					

表 6-113　总　分　类　账 (7)

账户名称：　　　　　　　　　　　　　　　　　　　　第　页

2020 年		凭证		摘要	借方	贷方	借或贷	余额
月	日	字	号					

表 6-114　总　分　类　账 (8)

账户名称：　　　　　　　　　　　　　　　　　　　　第　页

2020 年		凭证		摘要	借方	贷方	借或贷	余额
月	日	字	号					

表 6-115　总　分　类　账 (9)

账户名称：　　　　　　　　　　　　　　　　　　　　第　页

2020 年		凭证		摘要	借方	贷方	借或贷	余额
月	日	字	号					

表 6－116 总 分 类 账（10）

账户名称： 第 页

2020 年		凭证		摘要	借方	贷方	借或贷	余额
月	日	字	号					

表 6－117 总 分 类 账（11）

账户名称： 第 页

2020 年		凭证		摘要	借方	贷方	借或贷	余额
月	日	字	号					

表 6－118 总 分 类 账（12）

账户名称： 第 页

2020 年		凭证		摘要	借方	贷方	借或贷	余额
月	日	字	号					

表 6－119　总　分　类　账（13）

账户名称：　　　　第　页

2020 年		凭证		摘要	借方	贷方	借或贷	余额
月	日	字	号					

表 6－120　总　分　类　账（14）

账户名称：　　　　第　页

2020 年		凭证		摘要	借方	贷方	借或贷	余额
月	日	字	号					

表 6－121　总　分　类　账（15）

账户名称：　　　　第　页

2020 年		凭证		摘要	借方	贷方	借或贷	余额
月	日	字	号					

表6-122 总 分 类 账（16）

账户名称： 第 页

2020年		凭证		摘要	借方	贷方	借或贷	余额
月	日	字	号					

表6-123 总 分 类 账（17）

账户名称： 第 页

2020年		凭证		摘要	借方	贷方	借或贷	余额
月	日	字	号					

表6-124 总 分 类 账（18）

账户名称： 第 页

2020年		凭证		摘要	借方	贷方	借或贷	余额
月	日	字	号					

表 6－125　总　分　类　账（19）

账户名称：　　　　　　　　　　　　第　页

2020 年		凭证		摘要	借方	贷方	借或贷	余额
月	日	字	号					

表 6－126　总　分　类　账（20）

账户名称：　　　　　　　　　　　　第　页

2020 年		凭证		摘要	借方	贷方	借或贷	余额
月	日	字	号					

表 6－127　总　分　类　账（21）

账户名称：　　　　　　　　　　　　第　页

2020 年		凭证		摘要	借方	贷方	借或贷	余额
月	日	字	号					

表 6－128 总 分 类 账（22）

账户名称：　　　　　　　　　　　　　　　　　第　页

2020 年		凭证		摘要	借方	贷方	借或贷	余额
月	日	字	号					

表 6－129 总 分 类 账（23）

账户名称：　　　　　　　　　　　　　　　　　第　页

2020 年		凭证		摘要	借方	贷方	借或贷	余额
月	日	字	号					

表 6－130 总 分 类 账（24）

账户名称：　　　　　　　　　　　　　　　　　第　页

2020 年		凭证		摘要	借方	贷方	借或贷	余额
月	日	字	号					

表 6－131　总　分　类　账（25）

账户名称：　　　　　　　　　　　　　　　　　　　　　　第　页

2020 年		凭证		摘要	借方	贷方	借或贷	余额
月	日	字	号					

表 6－132　总　分　类　账（26）

账户名称：　　　　　　　　　　　　　　　　　　　　　　第　页

2020 年		凭证		摘要	借方	贷方	借或贷	余额
月	日	字	号					

表 6－133　总　分　类　账（27）

账户名称：　　　　　　　　　　　　　　　　　　　　　　第　页

2020 年		凭证		摘要	借方	贷方	借或贷	余额
月	日	字	号					

表 6-134 总 分 类 账（28）

账户名称：　　　　　　　　　　　　　　　　　　第　页

2020 年		凭证		摘要	借方	贷方	借或贷	余额
月	日	字	号					

表 6-135 总 分 类 账（29）

账户名称：　　　　　　　　　　　　　　　　　　第　页

2020 年		凭证		摘要	借方	贷方	借或贷	余额
月	日	字	号					

表 6-136 总 分 类 账（30）

账户名称：　　　　　　　　　　　　　　　　　　第　页

2020 年		凭证		摘要	借方	贷方	借或贷	余额
月	日	字	号					

表 6－137　总　分　类　账（31）

账户名称：　　　　　　　　　　　　　　　　　　　　　　　第　页

2020 年		凭证		摘要	借方	贷方	借或贷	余额
月	日	字	号					

表 6－138　总　分　类　账（32）

账户名称：　　　　　　　　　　　　　　　　　　　　　　　第　页

2020 年		凭证		摘要	借方	贷方	借或贷	余额
月	日	字	号					

表 6－139　总　分　类　账（33）

账户名称：　　　　　　　　　　　　　　　　　　　　　　　第　页

2020 年		凭证		摘要	借方	贷方	借或贷	余额
月	日	字	号					

表 6－140 总 分 类 账（34）

账户名称： 第 页

2020 年		凭证		摘要	借方	贷方	借或贷	余额
月	日	字	号					

表 6－141 总 分 类 账（35）

账户名称： 第 页

2020 年		凭证		摘要	借方	贷方	借或贷	余额
月	日	字	号					

表 6－142 总 分 类 账（36）

账户名称： 第 页

2020 年		凭证		摘要	借方	贷方	借或贷	余额
月	日	字	号					

表 6－143　总　分　类　账（37）

账户名称：　　　　　　　　　　　　　　　　　　　　　　　第　页

2020 年		凭证		摘要	借方	贷方	借或贷	余额
月	日	字	号					

表 6－144　总　分　类　账（38）

账户名称：　　　　　　　　　　　　　　　　　　　　　　　第　页

2020 年		凭证		摘要	借方	贷方	借或贷	余额
月	日	字	号					

表 6－145　总　分　类　账（39）

账户名称：　　　　　　　　　　　　　　　　　　　　　　　第　页

2020 年		凭证		摘要	借方	贷方	借或贷	余额
月	日	字	号					

表6-146 总 分 类 账 (40)

账户名称: 第 页

2020年		凭证		摘要	借方	贷方	借或贷	余额
月	日	字	号					

表6-147 总 分 类 账 (41)

账户名称: 第 页

2020年		凭证		摘要	借方	贷方	借或贷	余额
月	日	字	号					

表6-148 总 分 类 账 (42)

账户名称: 第 页

2020年		凭证		摘要	借方	贷方	借或贷	余额
月	日	字	号					

表 6－149　总　分　类　账（43）

账户名称：　　　　　　　　　　　　　　　　第　页

2020 年		凭证		摘要	借方	贷方	借或贷	余额
月	日	字	号					

表 6－150　总　分　类　账（44）

账户名称：　　　　　　　　　　　　　　　　第　页

2020 年		凭证		摘要	借方	贷方	借或贷	余额
月	日	字	号					

表 6－151　总　分　类　账（45）

账户名称：　　　　　　　　　　　　　　　　第　页

2020 年		凭证		摘要	借方	贷方	借或贷	余额
月	日	字	号					

表 6－152 总 分 类 账（46）

账户名称：　　　　　　　　　　　　　　　　　　　　　　　　　第　页

2020 年		凭证		摘要	借方	贷方	借或贷	余额
月	日	字	号					

表 6－153 总 分 类 账（47）

账户名称：　　　　　　　　　　　　　　　　　　　　　　　　　第　页

2020 年		凭证		摘要	借方	贷方	借或贷	余额
月	日	字	号					

表 6－154 总分类账户本期发生额及余额试算平衡表

年　月　日　　　　　　　　　　单位：元

账户名称	期初余额		本期发生额		期末余额	
	借方	贷方	借方	贷方	借方	贷方

表6－154（续1）

账户名称	期初余额		本期发生额		期末余额	
	借方	贷方	借方	贷方	借方	贷方

表6－154（续2）

账户名称	期初余额		本期发生额		期末余额	
	借方	贷方	借方	贷方	借方	贷方

表6－154(续3)

账户名称	期初余额		本期发生额		期末余额	
	借方	贷方	借方	贷方	借方	贷方

（二）实验要求

（1）根据总分类账户期初余额表，开设总分类账户，并登记期初余额。

（2）根据实验模块Ⅰ的记账凭证编制12月21日至12月31日的科目汇总表（见表6－106）。

（3）根据12月的科目汇总表登记总分类账户，并进行期末结账。

（4）编制总分类账户本期发生额及余额试算平衡表。

（三）实验设计

（1）各总分类账户根据科目汇总表每10天登记一次。

（2）月末结账后，应进行试算平衡，检查总分类账户登记是否正确。

实验模块Ⅳ　会计报表的编制

（一）实验资料

甜城机械有限责任公司2020年12月各损益账户本期发生额及有关总分类账户月末余额，见实验模块Ⅲ。

（二）实验要求

编制甜城机械有限责任公司2020年12月31日资产负债表（见表6－155）和2020年12月利润表（见表6－156）。

表6－155　资产负债表

会企01表

编制单位：　　　　____年____月____日　　　　单位：元

资产	期末余额	上年年末余额	负债和所有者权益（或股东权益）	期末余额	上年年末余额
流动资产：			流动负债：		
货币资金			短期借款		
以公允价值计量且其变动计入当期损益的金融资产			以公允价值计量且其变动计入当期损益的金融负债		
衍生金融资产			衍生金融负债		
应收票据			应付票据		
应收账款			应付账款		
预付款项			预收款项		
应收利息			应付职工薪酬		
应收股利			应交税费		
其他应收款			应付利息		
存货			应付股利		
持有待售资产			其他应付款		
一年内到期的非流动资产			持有待售负债		
其他流动资产			一年内到期的非流动负债		
流动资产合计			其他流动负债		
非流动资产：			流动负债合计		
债权投资			非流动负债：		
其他债权投资			长期借款		
长期应收款			应付债券		
长期股权投资			其中：优先股		
其他权益工具投资			永续债		
投资性房地产			长期应付款		
固定资产			专项应付款		

表6－155（续）

资产	期末余额	上年年末余额	负债和所有者权益（或股东权益）	期末余额	上年年末余额
在建工程			预计负债		
工程物资			递延收益		
固定资产清理			递延所得税负债		
生产性生物资产			其他非流动负债		
油气资产			非流动负债合计		
无形资产			负债合计		
开发支出			所有者权益（或股东权益）：		
商誉			实收资本（或股本）		
长期待摊费用			其他权益工具		
递延所得税资产			其中：优先股		
其他非流动资产			永续债		
非流动资产合计			资本公积		
			减：库存股		
			其他综合收益		
			盈余公积		
			未分配利润		
			所有者权益（或股或权益）合计		
资产总计			负债和所有者权益（或股东权益）总计		

表6－156　利润表

会企02表

编制单位：　　　　　　　　____年____月　　　　　　　　单位：元

项目	本期金额	上期金额
一、营业收入		
减：营业成本		
税金及附加		
销售费用		
管理费用		
财务费用		
资产减值损失		

表6－156(续)

项目	本期金额	上期金额
加：公允价值变动收益（损失以“－”号填列）		
投资收益（损失以“－”号填列）		
其中：对联营企业和合营企业的投资收益		
资产处置收益（损失以“－”号填列）		
其他收益		
二、营业利润（亏损以“－”号填列）		
加：营业外收入		
减：营业外支出		
三、利润总额（亏损总额以“－”号填列）		
减：所得税费用		
四、净利润（净亏损以“－”号填列）		
（一）持续经营净利润（净亏损以“－”号填列）		
（二）终止经营净利润（净亏损以“－”号填列）		
五、其他综合收益的税后净额		
（一）以后不能重分类进损益的其他综合收益		
1. 重新计量设定受益计划净负债或净资产的变动		
2. 权益法下在被投资单位不能重分类进损益的其他综合收益中享有的份额		
……		
（二）以后将重分类进损益的其他综合收益		
1. 权益法下在被投资单位以后将重分类进损益的其他综合收益中享有的份额		
2. 可供出售金融资产公允价值变动损益		
3. 持有至到期投资重分类为可供出售金融资产损益		
4. 现金流量套期损益的有效部分		
5. 外币财务报表折算差		
……		
六、综合收益总额		
七、每股收益：		
（一）基本每股收益		
（二）稀释每股收益		

（三）实验设计

（1）根据资产、负债、所有者权益类账户的期末余额编制资产负债表。

（2）根据损益类账户本期发生额编制利润表。

（四）综合实验报告

（1）实验内容。

（2）实验中的问题及解决方法。

（3）实验体会及建议。

参考文献

[1] 中华人民共和国财政部. 企业会计准则（2020 年版）[M]. 北京：经济科学出版社，2020.

[2] 中华人民共和国财政部. 企业会计准则——应用指南（2020 年版）[M]. 北京：中国财政经济出版社，2020.

[3] 岳正华，李虹. 基础会计学 [M]. 3 版. 成都：西南财经大学出版社，2018.

[4] 陈国辉，迟旭升. 基础会计 [M]. 6 版. 大连：东北财经大学出版社，2018.

[5] 王燕嘉，张静伟. 基础会计实验 [M]. 大连：东北财经大学出版社，2019.